Jesús y su Dios-*Abba*

Jesús y su Dios-*Abba*
Una pequeña cristología

Leonardo Boff

Traducción de María José Gavito

MINIMA TROTTA

MINIMA TROTTA

© Editorial Trotta, S.A., 2026
Ferraz, 55. 28008 Madrid
Teléfono: 91 543 03 61
E-mail: editorial@trotta.es
http://www.trotta.es

© Leonardo Boff, 2026

© María José Gavito, traducción, 2026

ISBN: 978-84-1364-345-8
depósito legal: M-2360-2026

impresión
Gráficas Cofás

MIXTO
Papel procedente de
fuentes responsables
FSC   FSC® C004370
www.fsc.org

ÍNDICE

Dedico este libro al padre Julio Lan-cellotti, pastor de la población que vive en la calle en São Paulo, que nos mostró con su vida y su ejemplo lo que es amar al estilo de Dios-Abba y de su hijo bienamado Jesús de Nazaret.

INTRODUCCIÓN

A lo largo de mi oficio de teólogo he escrito cerca de mil páginas sobre Jesucristo. Pero, aunque parezca mucho, en realidad es muy poco. Es verdad lo que se dice al final del evangelio de Juan: «Ni todo el mundo bastaría para contener los libros que se escribieran» sobre quién fue Jesús (Jn 21,25). He escrito también muchos libros sobre diversos temas: teología, filosofía, ecología y otros, pero ninguno me ha dado tanta alegría interior como escribir esta pequeña cristología. En ella se aborda un tema que la mayoría de los teólogos evita exponer por miedo a psicologizar la experiencia única de Jesús. Pero el asunto es más profundo: se trata del momento en el que toda la vida de Jesús alcanza su culminación, es decir, sentir con plena conciencia que él es el Hijo amado de Dios Padre, Dios de infinita bondad y misericordia sin límites.

Normalmente las cosas no irrumpen de repente. Son precisos procesos de crecimiento, de evolución hasta llegar a la plena claridad. Creo que Jesús recorrió todo este proceso, empezando, para espanto de sus padres, por llamar desde pequeño a Dios *Abba*, mi querido padrecito, cosa que nunca aparece en las escrituras judaicas. Sin embargo, esta era la experiencia propia de este joven Jesús.

Pero, a mi juicio, el movimiento culmen (*apex*) ocurrió en el bautismo de Jesús por Juan el Bautista en las aguas del río Jordán. En ese momento todo se aclaró. La experiencia de Jesús fue tan profunda que inmediatamente después del bautismo se dirigió al desierto para profundizar en el significado de esa irrupción única. Allí pasa por todas las tentaciones del poder. Y a todas las supera. Comprende que su camino es el del no poder, preanunciado por el profeta Isaías (capítulo 53): ser el Siervo Sufriente. Ni siquiera regresa a casa, sino que se pone a proclamar la misericordia ilimitada de Dios, para buenos y malos, porque el amor de Dios es incondicional y acoge a todos en el arcoíris de su gracia.

Lo restante, su muerte trágica, todos lo conocemos. Pero al final irrumpe la resurrección, que es la revelación del *novissimus Adam* de san Pablo (1 Cor 15,45), la utopía del reino de Dios realizado en su persona, como Orígenes interpretaba la resurrección. En verdad, lo que sustenta la fe cristiana a lo largo de toda su historia hasta el día de hoy es la fe en la resurrección. Esta no es la reanimación de un cadáver, como el de Lázaro, sino la irrupción del «hombre nuevo, Adán»: el ser humano nuevo que ha realizado todas sus virtualidades, de suerte que la muerte ya no tiene ningún dominio sobre él. Asume las características del propio Dios.

El libro trata de esta experiencia que Jesús tuvo con su *Abba* y las consecuencias que esto tiene para nuestras vidas.

Termino con una frase muy contundente de Dostoievski: «A veces Dios me envía instantes de paz; en esos instantes, amo y siento que soy amado. En uno de esos momentos compuse para mí mismo un credo, donde todo es claro y sagrado. Este credo es muy sencillo: creo que no existe nada más hermoso, más profundo, más amable, más humano y más perfecto que

Cristo. Me lo digo a mí mismo, con un amor celoso, que no existe ni puede existir. Más aún: si alguien me probara que Cristo está fuera de la verdad y que esta no se halla en él, prefiero quedarme con Cristo a quedarme con la verdad».

Difícilmente se puede decir algo más bello y verdadero...

PERFIL DE JESÚS DE NAZARET

1. No era exactamente pobre. Era un artesano, un campesino mediterráneo y un factótum. Hacía desde mesas y sillas hasta azadas y palas. Era una profesión relativamente bien remunerada en su tiempo. Pero había hecho una opción personal por los pobres.

Era visionario, pero no soñaba con otros mundos, sino con este. Quería que la justicia, el respeto, el amor y el perdón prevaleciesen sobre el odio, el egoísmo y la arrogancia. Las relaciones deberían ser de profunda igualdad. Nadie debería ser llamado maestro, ni jefe, ni padre. Los que mandaban no mandaban. Servían a todos.

Pretendía tener poder sobre dimensiones siniestras de la existencia. Y lo tenía. Por eso curaba ciegos, purificaba leprosos, tocaba la piel de las personas que todos evitaban y las sanaba. Así, por el toque de la piel, recuperaba la humanidad negada. Llegó hasta resucitar muertos: al hijo de la viuda de Naín y a Lázaro, hermano de sus amigas Marta y María. Hasta se atrevía a perdonar pecados. Quien se sintiese mal con Dios, oía de él estas palabras consoladoras: «Tus pecados te son perdonados; ¡vete en paz!».

Conocía profundamente el corazón de las personas. Por eso, no juzgaba a nadie. Comprendía y mostraba misericordia. Bien podía decir: «Si alguien viene a mí, no le diré que se vaya» (Jn 6,37). No importaba quién fuese, unos niños, un oficial romano, un rico fiscal de impuestos de nombre Leví o un teólogo avergonzado, Nicodemo.

2. En cierta ocasión, una mujer fue sorprendida en flagrante adulterio. Todos querían apedrearla. Él, de cuclillas en la arena, empezó a escribir los pecados de todos los presentes. Y estos, uno por uno, se iban marchando cabizbajos. Hasta que se quedó él solo con la mujer. Con ternura le dijo: «Mujer, ¿quién te condenó?». Se hizo un largo y embarazoso silencio. «Yo tampoco te condeno, pero no vuelvas a hacer eso».

Soñaba con una solidaridad sin límites. Incluso con los claramente extranjeros, como un samaritano. Si ves a alguien como él, caído en el camino, asaltado y herido, acude en su ayuda. Llévalo al hospital. Y deja un adelanto para cubrir los gastos.

Su sueño era que Dios no fuese sentido como un juez implacable. Ni como un señor omnipotente. Sino como un padre, más aún, como un papá, *Abba*.

Tuvo la experiencia inaudita de ser Hijo muy amado de ese Dios-*Abba*. Este era tan tierno y bondadoso que tenía las características de una madre. Era un Dios padre y madre, no solo de los buenos, sino de toda criatura humana. También de los ingratos y malos. Para el hijo dado al libertinaje, el hijo pródigo, se mostraba como padre misericordioso y para la oveja perdida, pastor solícito. Para todo pecado, ofrecía perdón. Para él, siempre es posible volver a empezar. El ser humano es en todo momento rescatable.

3. No era un asceta como los seguidores del gran Juan Bautista o como los monjes del desierto. Aceptaba

16

gustoso comer con quien lo convidaba, como Zaqueo. En una fiesta de bodas se preocupó al darse cuenta de que estaba faltando el vino. Su madre ya le había avisado del problema. Hizo tal vez el mayor milagro de su vida. Transformó agua en vino y no vino en agua, para que la fiesta se desarrollase alegre hasta la madrugada. No me extraña que personas envidiosas de su libertad lo llamasen comilón, bebedor y amigo de gentes consideradas malas compañías. Llegaron a llamarle loco, poseído de Belcebú y subversivo.

Su sueño, su utopía, su leyenda personal era el reino de Dios. Era un reino sin rey, solo de siervos que se servían unos a otros. Pero para que su reino-servicio fuese verdadero, debía comenzar muy abajo, desde el fondo del infierno humano. Debía iniciarlo a partir de los pobres, oprimidos y pecadores. Si no comenzaba por ellos, no sería para todos. Solamente a partir de los últimos, los penúltimos, los antepenúltimos y todos los demás hasta llegar a los primeros pueden ser alcanzados. Por eso, le gustaba decir: «¡Felices vosotros pobres! De vosotros es el reino de Dios». O sea, los pobres serán los primeros beneficiarios del reino de justicia, de buena voluntad y de intimidad con el Padre y Madre de infinita ternura.

Un sueño que se sueña en solitario es pura ilusión. Por eso quería soñar con otros. Reunió un grupito de doce en torno suyo: todos entusiastas pero sin gran consistencia. Había otro grupo mayor, de setenta y dos, que creían en él pero con muchas reticencias. Solo el grupo de las mujeres era fiel.

4. Ellas también le seguían. Se dice que María de Magdala tenía una relación especial con él. Ellas lo sostenían generosamente y nunca lo traicionaron. Se quedaron con él al pie de la cruz.

Su primera palabra está llena de fuerza convocatoria: «Escuchad, el tiempo de la espera ha terminado. El sueño se va a realizar. Creed en esta buena noticia. Va a ser algo sumamente bueno para todo el pueblo. Cambiad de vida y comenzad a realizar el sueño, allí donde estéis. Si no, nunca va a suceder».

Todo visionario sufre. La realidad resiste al sueño. A las personas les cuesta cambiar. Y si se las presiona, reaccionan con violencia. ¿Cuánta humanidad aguanta el ser humano?

Se montó un complot contra el soñador de Nazaret. Viejos enemigos, Anás y Caifás, olvidaron sus desavenencias para ir juntos contra él. El poder religioso —levitas y fariseos— se unió al poder político —saduceos y herodianos—. Las fuerzas nacionales, en la persona de Herodes, se confabularon con las fuerzas transnacionales, representadas por Poncio Pilato. Al final, hasta el poder popular fue manipulado contra él. Todos gritaban: «¡Fuera, fuera! ¡Crucifícalo!». Y fue crucificado. Murió lanzando un grito desesperado al cielo: «Padre mío, ¿por qué me has abandonado?».

Y Dios que siempre escucha el grito del oprimido, atendió el grito del crucificado. Tres días después de darle sepultura, unas mujeres dijeron que estaba vivo. No como Lázaro, cuyo cadáver fue reanimado, sino como quien realizaba el sueño que había predicado en su realidad humana, como aquel que iniciaba una revolución dentro de la evolución. La leyenda personal se hizo realidad.

5. Resucitó a un tipo de vida absolutamente nueva, en la cual el cuerpo asume las características del espíritu y el espíritu las características del cuerpo. Esa versión de las mujeres conquistó a los seguidores del predicador y profeta popular. Y sigue conquistando seguidores hasta el día de hoy.

Por eso se reúnen no tanto en torno a la cruz y la muerte, sino sobre todo en torno a la vida y a la resurrección. No celebran la memoria de un pasado, sino la presencia de un presente. A partir de ahora la alternativa humana es esta: o vida o resurrección.

Basándose en la experiencia de las mujeres, sus amigos se pusieron a reflexionar y a releer toda su vida y gesta pasada. Y concluyeron: humano así como este hombre, solo Dios mismo. Y empezaron a llamarle Hijo del Hombre, Cristo, Hijo de Dios, Dios mismo, encarnado en nuestra miseria.

¡Oh, suprema osadía de la fe!

¿De dónde venía? Nadie lo sabía con exactitud.

¿De Nazaret? Pero ese lugar no aparece ni una vez en las Escrituras del Antiguo Testamento. ¿De un lugar tan desconocido podía venir algo bueno?

¿Nació entre animales en una gruta de Belén? Así lo dicen los textos antiguos.

Solo una pregunta más: ¿quién era?, ¿cómo se llamaba?

Jesús de Nazaret es su nombre.

Después de haber escrito todo lo anterior, cualquier semejanza con él no es pura coincidencia.

LA PARTE FEMENINA DE JESÚS

El ser entero pero inacabado busca acabamiento y completitud. Y en esta búsqueda encuentra a Dios. Dios es el nombre para simbolizar esa tiernísima Realidad y ese Sentido amoroso capaz de realizar infinitamente al ser humano. Por lo tanto, Dios solo tiene sentido si irrumpe desde la propia estructura deseante del ser humano.

DESPATRIARCALIZACIÓN DEL IMAGINARIO Y DEL LENGUAJE

Ocurre, sin embargo, el hecho cultural de que esa Suprema Realidad (el *Reale realissimum* de los pensadores medievales) ha sido expresada en el contexto del patriarcado. Dios se presenta como masculino. Como consecuencia, todas las grandes religiones históricas que estructuraron su experiencia originaria de lo Divino en código patriarcal son reduccionistas y nos transmiten una traducción parcial.

Lo mismo ocurrió con las instituciones religiosas: su imaginario, su lenguaje, sus símbolos, sus ritos y sus textos fundadores traen la marca de la cultura masculina[1].

---

1. Cf. F. D. Noble, *A World without Woman*, Alfred Knopf, Nueva York, 1993; E. Bornemann, *Das Patriarchat*, Fischer, Fráncfort, 1979;

Por eso, tales lenguajes deben ser no solo desmitologizados, sino que fundamentalmente necesitan ser despatriarcalizados. Solo de esta forma pueden legitimarse todavía hoy y mantener su extraordinario valor.

Tal postulado desencadena un proceso de crisis y de purificación dolorosa, aunque saludable, en todas las religiones, iglewsias y jerarquías. O se reconstruyen sobre bases transexistas con amplia participación de las mujeres y asumiendo decididamente el principio femenino o se endurecen en su tradicionalismo, antifeminismo y patriarcalismo.

En este esfuerzo ha venido a ser un gran estímulo el descubrimiento de la tradición del matriarcado y de las divinidades femeninas. Ha sido mérito del feminismo rescatar esa tradición ancestral y hacerla valer en la cultura y en el interior de la reflexión religiosa y teológica[2]. Hoy solamente podemos hacer nuestra experiencia de lo Divino si la traducimos en términos masculinos y femeninos simultáneamente.

Dios emerge como padre y como madre o, en un lenguaje inclusivo que supera las yuxtaposiciones, como padre maternal y como madre paternal. Más radicalmente aún, muchas feministas hablan de Dios y de la Diosa. O para mostrar la unidad de Dios (que no se divide como los seres humanos en macho y hembra), lo escriben de la siguiente forma: Dios/a.

Sin embargo, esta formulación es solo comprensible en la escritura, no en el lenguaje hablado y en el li-

E. Gould-Davis, *The First Sex*, Putman, Nueva York, 1971 (sobre el matriarcado que antecedió al patriarcado, de ahí que lo femenino sea el primer sexo).

2. Hay una literatura enorme sobre el tema. Referiremos solo los estudios más importantes: Ch. Mulack, *Die Weiblichkeit Gottes. Matriarchale Voraussetzungen des Gottesbildes*, Kreuzverlag, Stuttgart, 1983; M. Sjöo y B. Mor, *The Great Cosmic Mother*, Harper, San Francisco, 1976; M. Stone, *When God was a Woman*, Dial Press, Nueva York, 1976.

túrgico. Pero esas dos expresiones remiten a una Realidad que sobrepasa las determinaciones sexuales propias de la creación (hombre/mujer), recogiendo, por otra parte, los valores positivos presentes en esta forma de nombrar a Dios. La «Diosa» suscita en las mujeres y en los hombres que han integrado su dimensión de ánima, nuevas experiencias y fuerzas inauditas de regeneración, de buena voluntad y de integración.

Aunque a lo largo de la historia se hayan cometido crímenes increíbles en nombre de Dios, victimizando a las mujeres durante siglos, somos de la opinión de que no se puede renunciar a la palabra «Dios». No necesariamente se identifica a Dios con lo masculino, no por lo menos en una visión teológica que abandona la comprensión convencional y va más allá de la comprensión habitual de las palabras.

Estamos tratando con una categoría-límite que trasciende todas las categorizaciones. Es la palabra más elevada del lenguaje humano para nombrar la Fuente de donde todo procede y el Útero que todo acoge. Tal suprema Realidad ha sido expresada tanto por lo femenino como por lo masculino. Sería mejor si lográsemos expresarla con las virtudes de ambos principios. Tal vez escribir y decir Dios-Él o Dios-Ella, pero en rigor esto no mejora la comprensión. Sería más sensato mantener la palabra Dios, con el rico significado semántico que le viene del sánscrito (*di*) y del griego (*theós*): la luminosidad que se irradia en nuestra vida (el significado de *di*) o la solicitud y la ternura con todos los seres, quemando con su bondad toda malicia cual fuego purificador (el sentido original de *theós* en griego)[3].

---

3. Tomás de Aquino sigue este camino (*Summa Theologica* I, q. 113, a. 8). Para toda esta cuestión véase E. Johnson, *La que es. El misterio de Dios en el discurso teológico feminista*, Herder, Barcelona, 2002;

Finalmente conviene, en la medida de lo posible en teología, buscar el rigor de los conceptos y tener presente que, con referencia a Dios, se trata siempre de metáforas, limitadas y reductoras, que no captan jamás el Misterio que envuelve y penetra todo, ante el cual sería mejor callar que hablar.

Pero lo más importante ha sido la tarea que las mujeres se impusieron a sí mismas: cómo pensar lo Divino, la revelación, la salvación, la gracia, el pecado, los símbolos y las fiestas a partir de la experiencia de las mujeres mismas y, más ampliamente, a partir de lo femenino[4]. En el contexto de la teología de la liberación, la cuestión se plantea de esta forma: ¿cómo pensar a Dios y su gracia a partir de la mujer pobre, oprimida y excluida?

En este campo ha habido contribuciones notables.

Primero, las mujeres mostraron cuán patriarcal y masculinista es el discurso considerado normal y oficial que penetró tanto en la socialización infantil y en los discursos oficiales como en los trabajos más elaborados de la teología erudita[5].

Raramente los teólogos-hombres han tomado conciencia de su lugar social-sexual-patriarcal. La gran mayoría estima que la teología producida por la comuni-

I. Gebara, *El rostro oculto del mal. Una teología desde la experiencia de las mujeres*, Trotta, Madrid, 2002, pp. 185-220.

4. Véanse algunas contribuciones: I. Gebara, *El rostro oculto del mal*, cit.; L. Scherzberg, *Graça e pecado na teologia feminista*, Vozes, Petrópolis, 1997; E. Johnson, *La que es*, cit.; E. Schüssler Fiorenza, *Pero ella dijo. Prácticas feministas de la interpretación bíblica*, Trotta, Madrid, 1996; R. Ruether, *Woman and Redemption. A Theological History*, Fortress Press, Minneapolis, 1998.

5. Cf. R. R. Ruether, *Sexism and God-Talk. Towards a Feminist Theology*, Beacon Press, Boston, 1983; la crítica más radical fue hecha por Mary Daly, *Beyond God the Father. Towards a Philosophy of Women's Liberation*, Beacon Press, Boston, 1973.

dad pensante masculina es la teología *tout court*. Pero es parcial. Representa solo la elaboración que los hombres hacen de lo Sagrado, a partir de su experiencia de hombres, muy distinta de la desarrollada por las mujeres. Normalmente la teología masculina es discursiva, racional, objetivista y sistémica, distinguiéndose de la teología femenina que se presenta más narrativa, biográfica, abierta y cargada de emoción, de cuidado y de experiencia espiritual.

Después, al nombrar lo Divino a partir de su experiencia de mujeres y de mujeres oprimidas, ellas pudieron revelar dimensiones teológicas insospechadas, solo posibles por ser concebidas y dichas por ellas mismas. Con eso, el discurso religioso y teológico se enriqueció enormemente, propiciando a los que profesan la fe, una experiencia más completa y global de Dios y de los misterios divinos.

Una cosa es decir Dios-Padre. En esta palabra resuenan arquetipos ancestrales ligados al orden, al poder, a la justicia, a un plan divino. La moralidad se estructura alrededor del bien y del mal, del premio y del castigo, del cielo y del infierno. Y otra cosa es decir Dios-Madre. En esta invocación afloran experiencias originarias y deseos arcaicos de refugio, de útero acogedor, de misericordia y de amor incondicional. La moralidad se funda no a partir de un sujeto moral abstracto o en leyes y separaciones, sino en inclusiones y en el tejido de relaciones que conecta y ordena todo con cuidado y respeto.

Se asume, pues, a los seres humanos existentes con sus relaciones reales de subordinación, dependencia, opresión y que claman por una liberación concreta. La moral, en la perspectiva feminista, es un proceso de recuperación de la vida y del necesario cuidado, en la medida en que todos tienen acceso igualitario y legítimo a los medios de vida y a las condiciones que permiten el florecimiento de las potencialidades humanas.

Dios-Madre reconduce a todos sus hijos e hijas, por dispersos que estén, cual ovejas a su redil. Donde la religión del Padre introduce el infierno, la religión de la Madre hace valer la misericordia y el perdón sin restricciones, que abre el camino a una absoluta realización del reino de todos y para todos. Nadie puede poner límites a la misericordia divina, repetía con frecuencia el papa Francisco. Además, Dios no puede perder a ninguno de los hijos e hijas que ha creado por amor. La misericordia va más allá de cualquier maldad humana. No sin razón, los sentimientos de reconciliación son asociados a la madre, mientras que los sentimientos de disociación, al padre. Esto vale también en la experiencia con la Realidad última y trascendente.

¿DÓNDE ESTÁ LA CUESTIÓN TEOLÓGICA?

Ahora queremos enfocarnos directamente en la cuestión teológica[6]. La teología como saber específico que habla de Dios, a Dios, y sobre todas las cosas a partir de Dios, plantea la siguiente pregunta: ¿en qué medida lo femenino/masculino son caminos de la humanidad hacia Dios y en qué medida lo femenino/masculino son caminos de Dios hacia la humanidad? En términos más sencillos: en qué medida Dios llega a nosotros por el camino de lo femenino/masculino y en qué medida lo masculino/femenino nos lleva a Dios.

6. Véase nuestro trabajo *El rostro materno de Dios*, San Pablo, Madrid, 1979, pp. 73-117 con bibliografía; E. Rae y B. Mary-Daly, *Created in Her Image. Models of the Femine Divine*, Crossroad, Nueva York, 1990; E. Rae, *Woman, the Earth, the Divine*, Orbis Books, Nueva York, 1994.

Evidentemente, tales preguntas son relevantes para las personas y grupos que se preguntan por Dios. Sin embargo, esta pregunta no viene de fuera. Nace de la propia radicalidad del pensamiento sobre lo masculino/femenino. Lo femenino/masculino, en cuanto principios estructuradores de cada ser humano, trascienden toda conceptualización y entran en la dimensión del misterio. Hay, por tanto, cierta afinidad entre la realidad Dios y la realidad femenino/masculino, aunque Dios desborde siempre cualquier aproximación y analogía.

Si lo femenino/masculino representan perfecciones, entonces podemos afirmar que, en última instancia, se anclan en Dios. Dios tiene dimensiones masculino/femeninas, aunque siempre las supera. Si es así, entonces lo femenino/masculino posee dimensiones divinas, se pierde dentro de Dios. Tales afirmaciones son coherentes y tienen consistencia, aun cuando no definamos sus contenidos concretos.

La teología genera todavía una pregunta radical: ¿cuál es el marco último de lo femenino y de lo masculino?, ¿cuál es la utopía terminal de lo femenino y de lo masculino? En discurso cristiano: ¿a qué están llamados, en el plan último de Dios, lo femenino y lo masculino? Esta cuestión, en el ámbito de la teología es irrenunciable[7]. Aunque su tratamiento no ocupe mucho espacio en la teología convencional y manualística (tal vez en un escolio), ella tiene que ser planteada, especialmente en lo que se refiere a la mujer, hecha invisible en la Iglesia y en la sociedad, en casi todos los aspectos.

Las respuestas varían según las religiones, culturas y no es el caso de resumir aquí ni siquiera las líneas domi-

---

7. Véanse nuestras reflexiones: «O que podemos esperar além do céu?», en *A fé na periferia do mundo*, Vozes, Petrópolis, 1978, pp. 49-56; íd., *El despertar del águila*, Trotta, Madrid, 2000.

nantes[8]. En una exposición extremadamente abstracta y generalista, pero verdadera, podemos decir que todas las religiones, por los más distintos caminos y con las más diferentes representaciones, prometen una plenitud y una eternización de la existencia humana, masculino/femenina, más allá de esta historia que nos toca vivir, así como comunión y fusión con la Realidad última.

Nuestra reflexión, sin embargo, se atiene al discurso cristiano con el cual estamos más familiarizados, porque es aquí donde esta cuestión, en la reflexión ecuménica de los hombres y principalmente de las mujeres, ha sido formulada de forma consciente y explícita. Veamos en primer lugar cómo surge la cuestión de género en las fuentes judeocristianas (los textos del Primer y del Segundo Testamento)[9].

LAS ESCRITURAS PATRIARCALES HABLAN DE LO FEMENINO

En sus líneas básicas hay que reconocer que la tradición espiritual judeocristiana viene expresada predominantemente en código patriarcal. El Dios del Primer Testamento es vivido como el Dios de los Padres, Abraham, Isaac y Jacob, y menos como el Dios de Sara, de Rebeca y de Miriam. En el Segundo Testamento, Dios es Padre de un Hijo único que se encarnó en una mujer virgen.

---

8. Véase la obra bien cuidada de A. Sharma, *Women in World Religions*, State University of New York, Nueva York, 1987; X. Pikaza, *La mujer en las grandes religiones*, Desclée de Brouwer, Bilbao, 1991.

9. La cantidad de bibliografía especializada sobre el tema es enorme. Para un buen resumen y orientación hay que referirse a los estudios de Denise L. Carmody sobre el judaísmo y de Rosemary R. Ruether sobre el cristianismo en el libro antes citado de Arvind Sharma, *Women in World Religions*, pp. 183-235.

La Iglesia que se derivó de esta herencia está dirigida exclusivamente por hombres que detentan todos los medios de producción simbólica. La mujer ha sido considerada, durante siglos, como persona no jurídica y hasta el día de hoy es excluida sistemáticamente de todas las decisiones del poder religioso. La mujer puede ser madre de un sacerdote o de un obispo, pero nunca podrá acceder a tales funciones. El hombre, en la figura de Jesús de Nazaret, fue divinizado, mientras que la mujer sigue siendo una simple criatura, aunque en la figura de María sea considerada Madre de Dios.

A pesar de toda esta concentración masculina y patriarcal, hay un texto del Génesis verdaderamente revolucionario, pues afirma la igualdad de los sexos y su origen divino. Se trata del Código (*Priesterkodex*, escrito hacia el siglo VI-V a. C.). En él, el autor afirma de forma contundente: «Dios creó la humanidad (*adam* en hebreo, que significa los hijos e hijas de la Tierra, derivado de *adamah* que quiere decir tierra fértil) a su imagen... hombre y mujer los creó» (Gn 1,27).

Como se deduce, aquí se afirma la igualdad fundamental de los sexos; ambos anclan su origen en Dios mismo, la suprema Realidad. Dios solo puede ser conocido por la vía de la mujer y por la vía del hombre. Cualquier reducción de este equilibrio distorsiona nuestro acceso a Dios y desnaturaliza nuestro conocimiento del ser humano, hombre y mujer.

En el Segundo Testamento encontramos en san Pablo la afirmación de la igual dignidad de los sexos: «no hay hombre ni mujer, pues todos son uno en Cristo Jesús» (Gál 3,28). En otro lugar dice claramente: «en Cristo no hay mujer sin hombre ni hombre sin mujer; como es verdad que la mujer procede del hombre, también es verdad que el hombre procede de la mujer y todo viene de Dios» (1 Cor 11,12).

Además de esto, la mujer no dejó de aparecer activamente en los textos fundacionales. No podía ser de otro modo, pues siendo lo femenino estructural, surge siempre de una u otra forma. Así, en la historia de Israel surgieron mujeres políticamente activas como Miriam, Ester, Judit, Débora o antiheroínas como Dalila y Jezabel. Ana, Sara y Ruth serán siempre recordadas con gratitud por el pueblo. Es inigualable el idilio que retrata el amor entre el hombre y la mujer en el Cantar de los Cantares.

A partir del siglo III a.C., la teología judaica elaboró una reflexión sobre la gracia de la creación y de la elección del pueblo en la figura femenina de la divina Sofía (Sabiduría; cf. todo el libro de la Sabiduría y los diez primeros capítulos del libro de los Proverbios). Lo expresó bien la conocida teóloga feminista E. Schüssler Fiorenza: «la divina Sofía es el Dios de Israel con figura de diosa»[10].

Pero lo que penetró de forma devastadora en el imaginario colectivo de la humanidad fue el relato antifeminista de la creación de Eva (Gn 2,18-25) y de la caída original (Gn 3,1-19: literariamente el texto es tardío, en torno al año 1000 o 900 a.C.). Según este relato, la mujer es formada de la costilla de Adán que, al verla, exclama: «Esta es carne de mi carne y hueso de mis huesos; se llamará varona (*ishá*) porque fue sacada del varón (*ish*); por eso el varón dejará a su padre y a su madre para unirse a su varona, y los dos serán una sola carne» (Gn 2,23-25). El sentido originario buscaba mostrar la unidad hombre/mujer (*ish-ishá*) y fundamentar la monogamia. Sin embargo, esta comprensión, que en sí debería evitar la discriminación de la mujer,

---

10. *As origens cristãs a partir da mulher*, Paulinas, São Paulo, 1992, p. 167.

acabó por reforzarla. La anterioridad de Adán y la formación a partir de su costilla fue interpretada como superioridad masculina.

El relato de la caída aún es más contundentemente antifeminista: «Vio, pues, la mujer que el fruto de aquel árbol era bueno para comer... tomó del fruto y lo comió; se lo dio también a su marido y comió; inmediatamente se les abrieron los ojos y se dieron cuenta de que estaban desnudos» (Gn 3,6-7).

El mito quiere mostrar etiológicamente que el mal está del lado de la humanidad y no de Dios, pero articula esa idea de tal forma que revela el antifeminismo de la cultura vigente en aquel tiempo. En el fondo considera a la mujer como sexo débil, por eso ella cayó en la tentación y sedujo al hombre. De aquí la razón de su sumisión histórica, ahora teológicamente (ideológicamente) justificada: «estarás bajo el poder de tu marido y él te dominará» (Gn 3,16). Eva será para la cultura patriarcal la gran seductora y la fuente del mal.

Existe una lectura más radical, probablemente más coherente con la lucha de los géneros, presentada por dos conocidas teólogas feministas francesas: Riane Eisler y Françoise Gange[11]. Según estas autoras el relato actual del pecado original es la relectura patriarcal del relato originario matriarcal.

De acuerdo con ellas, en el esfuerzo por consolidar el dominio patriarcal, se realizó una especie de proceso de culpabilización de las mujeres.

Los ritos y símbolos sagrados del matriarcado fueron demonizados y retroproyectados a los orígenes en forma de un relato primordial, con la intención de bo-

---

11. R. Eisler, *Sacred Pleasure, Sex, Myth, and the Politics of the Body. New Paths to Power and Love*, Harper, San Francisco, 1995; F. Gange, *Les dieux menteurs*, Éditions Indigo-Côté Femmes, París, 1997.

rrar totalmente los rasgos del relato femenino anterior. Esto fue realizado con tal éxito que a día de hoy nos preguntamos si efectivamente existieron las diosas-madres y una fase matriarcal de la humanidad. Pero la investigación ha venido a confirmar ampliamente que sí ha habido una fase matriarcal en la humanidad históricamente conocida.

El relato actual del pecado original, ocurrido en el paraíso terrenal, pone en jaque cuatro símbolos fundamentales de la religión de las grandes diosas-madres.

El primer símbolo en ser atacado fue la mujer misma, que en la cultura matriarcal representaba el sexo sagrado, generador de vida. Como tal, ella simbolizaba la Gran Madre, la suprema divinidad.

En segundo lugar, se deconstruye el símbolo de la serpiente, considerado el atributo principal de la Dios-Madre. Ella representaba la sabiduría divina que se renovaba siempre como la piel de la serpiente.

En tercer lugar, se desfigura el árbol de la vida, considerado siempre como uno de los símbolos principales de la vida. Uniendo, como todo árbol, el cielo con la tierra, el árbol renueva continuamente la vida, como mejor fruto de la divinidad y del universo. El Génesis (3,6) dice explícitamente que «el árbol era bueno para comer de él, una alegría para los ojos y deseable para obrar con sabiduría».

En cuarto lugar, destruye la relación hombre-mujer que originariamente constituía el núcleo de la experiencia de lo sagrado. La sexualidad era sagrada, pues posibilitaba el acceso al éxtasis y al conocimiento místico.

Entonces, ¿qué es lo que hace el relato actual del pecado original? Invierte totalmente el sentido profundo y verdadero de estos símbolos. Los desacraliza, los demoniza y los transforma de bendición en maldición. Veamos cómo:

La mujer es maldecida eternamente, convertida en un ser inferior, tentadora y seductora del hombre. Se siente atraída hacia el hombre por su deseo sexual, presentado negativamente. El texto bíblico dice explícitamente que «el varón la dominará» (Gn 3,16). El poder de la mujer de dar la vida es transformado en maldición y realizado entre sufrimientos (Gn 3,16). Como se puede ver, la inversión es total, y muy perversa.

La serpiente se vuelve maldita (Gn 3,14) y pasa a ser símbolo del demonio. El símbolo principal de la mujer es transformado en su enemigo visceral, pues esta le aplastará la cabeza, como afirma el relato del Génesis (3,15).

El árbol de la vida y de la sabiduría cae bajo el signo de lo prohibido (Gn 3,3). Antes, en la cultura matriarcal, comer del árbol de la vida era llenarse de sabiduría. Ahora comer de él significa un peligro mortal (Gn 3,3), anunciado por Dios mismo y sancionado por los hechos. A partir de ahora el árbol de la vida será sustituido por el leño muerto de la cruz, símbolo del sufrimiento redentor de Cristo.

El amor sagrado entre el hombre y la mujer es sustituido por el matrimonio, del cual el hombre es el jefe y la mujer es rebajada y ridiculizada. Desde entonces se ha vuelto imposible una lectura positiva de la sexualidad, del cuerpo y de la feminidad.

Se realizó así una deconstrucción total del mito anterior, femenino y sacral. Se presenta otro relato de los orígenes que va a determinar todas las interpretaciones posteriores. Todos somos, nos guste o no, rehenes del relato adánico, antifeminista y culpabilizador.

El trabajo de estas teólogas es liberador: muestra el carácter construido del relato dominante actual, centrado sobre la dominación, el pecado y la muerte, y propone una alternativa más originaria y positiva en la cual aparece una relación nueva con la vida, con el poder, con lo sagrado y con la sexualidad.

Su perspectiva no pretende restablecer una situación pasada, sino encontrar un mejor equilibrio entre los valores masculinos y femeninos para el tiempo presente revalorizando el matriarcado, cuya existencia está científicamente demostrada.

Estamos asistiendo a un cambio de paradigma en las relaciones masculino/femenino. Este cambio debe ser consolidado con un pensamiento más profundo e integrador que traiga una calidad de realización y una felicidad personal y colectiva mayor que la débilmente alcanzada hasta el momento presente. Pero esto solo se consigue deconstruyendo relatos que destruyen la armonía masculino/femenino, y construyendo nuevos símbolos que inspiren prácticas civilizatorias y humanizadoras para los dos sexos.

JESÚS, AMIGO DEL GÉNERO FEMENINO, APRENDIÓ DE LAS MUJERES

Jesús es judío, no es cristiano, pero rompió con el antifeminismo de su tradición religiosa[12]. Considerando su gesta y sus palabras se percibe que él está ligado a todo lo que pertenece a la esfera de lo femenino en oposición a los valores de lo masculino cultural, centrado en la conquista y en el sometimiento de los demás. Él

---

12. Sobre el tema hay muchísimos títulos; referimos uno de los más originales y recientes de F. Gange, *Jésus et les femmes*, Seuil, París, 2000, además estos otros: E. Schüssler-Fiorenza, *Discipulado de iguales*, Pachamama, La Paz, 2011; S. Bieberstein, *Verschwiegene Jüngerinnen – vergessene Zeuginnen. Gebrochene Konzepte im Lukasevangelium*, Universitätsverlag Freiburg Schweiz/Vandenhoeck & Ruprecht, Gotinga, 1998, pp. 25-76, 279-284.

encarna lo que Blaise Pascal llamaría el *esprit de finesse* (espíritu de finura y gentileza) en contraposición al *esprit de géometrie* (el espíritu de cálculo y de interés). En él se encuentran, con frescor originario, sensibilidad, capacidad de amar y de perdonar, ternura con los pobres y oprimidos, compasión con los que sufren en este mundo, apertura indiscriminada a todos, especialmente a Dios, sentido como papá, padrecito (*Abba*). Vive rodeado de discípulos hombres y mujeres. Desde el principio de su predicación peregrinante ellas lo siguen (Lc 8,1-3; 23,49; 24,6-10).

En razón de la utopía que predica —el reino de Dios que implica una liberación de todo tipo de opresión— rompe varios tabús que pesaban sobre las mujeres. Mantiene una profunda amistad con Marta y María (Lc 10,38); en contra del *ethos* de su tiempo, conversa públicamente a solas con una hereje samaritana junto al pozo de Jacob, causando asombro a los discípulos (Jn 4,1-42); se deja tocar y ungir los pies por una conocida prostituta, Magdalena (Lc 7,36-50); son varias las mujeres que se benefician de su cuidado y cariño, a las que cura, como a la suegra de Pedro (Lc 4,38-39), la madre del joven de Naín, resucitado por Jesús (Lc 7,11-17), la hijita muerta de Jairo, oficial romano (Mt 9,18-29), la mujer jorobada (Lc 13,10-17), la pagana sirofenicia, cuya hija psíquicamente enferma fue liberada (Mc 7,26) y la mujer que sufría de un flujo de sangre desde hacía doce años (Mt 9,20-22). Todas ellas fueron curadas y consoladas.

En sus parábolas aparecen muchas mujeres, especialmente pobres, como la que pierde una moneda (Lc 15,8-10), la viuda que depositó en el arca del templo dos moneditas de cobre de poco valor y era todo lo que tenía (Mc 12,41-44), la otra viuda, valiente, que se enfrentó al juez (Lc 18,1-8). Nunca las presenta como discriminadas, sino con toda su dignidad, a la altura de los hombres. La crítica que hace Jesús de la práctica social del divorcio, por los motivos más fútiles, y la defensa del lazo indisoluble del amor (Mc 10,1-10), representan intervenciones nítidamente en favor de la dignidad de la mujer.

Si admiramos la sensibilidad femenina de Jesús, su ternura hacia los pobres y oprimidos, su profundo sentido espiritual de la vida, hasta el punto de ver su acción providente en cada detalle de la vida, en los lirios del campo y en las señales atmosféricas, entonces también debemos suponer que él profundizó esta dimensión a partir de su contacto con las mujeres, aprendiendo de ellas y viendo la realidad a partir de la sensibilidad de estas.

Resumiendo, el mensaje y la práctica de Jesús significan una ruptura con la situación imperante y la introducción de un nuevo tipo de relación, fundado no en el orden patriarcal de la subordinación, sino en el amor indiscriminado que incluye la igualdad entre el hombre y la mujer. La mujer irrumpe como persona, hija de Dios, destinataria del sueño de Jesús e invitada a ser, como los hombres, también discípula y miembro de la nueva comunidad mesiánico-liberadora.

Un dato de la investigación reciente viene a confirmar y a profundizar esta constatación. El descubrimiento de los textos de Nag Hammadi en 1945 en el norte de Egipto, casi todos de la época del Nuevo Testamento, trajeron a la luz otro Jesús. Tales datos son ignorados por el gran público e insuficientemente incorporados en la producción teológica común[13]. Así,

13. Véase la reunión de los textos traducidos del copto y del griego al español, ed. de A. Piñero, J. Montserrat y F. García Bazán, *Textos gnósticos. Biblioteca de Nag Hammadi*, 3 vols., Trotta, Ma-

dos de esos textos, llamados evangelios apócrifos por no estar incluidos en el canon oficial del Nuevo Testamento —el *Evangelio de María* y el *Evangelio de Felipe*— muestran una relación extremadamente abierta de Jesús con respecto a la afectividad.

Ahí se dice que mantenía una relación especial con María de Magdala, llamada «compañera» (*koinonos*). En el *Evangelio de María*, Pedro confiesa: «Hermana, sabemos que el Maestro te amó de manera diferente a las otras mujeres»[14], y Leví reconoce que «el Maestro la amó más que a nosotros»[15]. Ella es presentada como discípula querida de Jesús y su principal interlocutora, a la que comunica enseñanzas omitidas a los discípulos. De las cuarenta y seis preguntas que los discípulos hacen a Jesús después de su resurrección, treinta y nueve las hace María de Magdala.

El *Evangelio de Felipe* dice: «tres estaban siempre con el Maestro, su madre, María, su hermana y la mujer de Magdala, llamada su 'compañera'». Más adelante particulariza afirmando: «El Señor amaba a María más que a todos los demás discípulos y la besaba con frecuencia en la boca. Los discípulos, al ver que la amaba, le preguntaban: ¿por qué la amas a ella más que a nosotros? El Redentor les respondió diciendo: «¿Y qué? ¿No debo amarla a ella tanto como a vosotros?»[16].

drid, ⁵2018, ⁵2106, ³2016; véanse también algunas investigaciones basadas en tales textos: A. Piñero, *El otro Jesús. Vida de Jesús en los apócrifos*, El Almendro, Córdoba, 1993; F. Pagel, *Les évangiles secrets*, Gallimard, París, 1982; E. Gillabert, *Jésus et la Gnose*, Dervy, París, 1981; S. Tunc, *Des femmes aussi suivaient Jésus*, Desclée de Brouwer, París, 1998.

14. Citamos aquí la edición de J. Y. Leloup, *O evangelho de María, Míriam de Mágdala*, Vozes, Petrópolis, 1998, hoja 10,2-3.

15. *Ibid.*, hoja 18,14.

16. Los textos son citados según A. Piñero, *El otro Jesús*, cit., p. 113; hay un sitio en internet con el texto completo de ese *Evangelio de Felipe* (www.metalog.org).

Aunque tales relatos puedan ser interpretados en el sentido espiritual de los gnósticos, pues esa es su matriz, no debemos, dice un especialista[17], excluir un fondo histórico verdadero, a saber, una relación concreta y carnal de Jesús con María de Magdala, base para el sentido espiritual. ¿Por qué no? ¿Hay algo más sagrado que el amor entre un hombre (el Hijo del Hombre, Jesús) y una mujer?[18]. Tal hecho real serviría de base para la comprensión simbólica de que el contacto corporal de Jesús con María de Magdala sería la señal terrestre de la unión celeste con Dios. El par celestial, masculino y femenino, representaría el rescate de la esencia andrógina del comienzo.

Sin lugar a duda, Jesús inauguró un nuevo tiempo en las relaciones hombre/mujer. Sin embargo, debemos

17. *Ibid.*

18. Véase las reflexiones de J. Y. Leloup en *O evangelho de Maria*: «Según el dicho de los antiguos 'todo lo que no es asumido no está salvado'. Si Jesús, considerado el Mesías, el Cristo, no asume la sexualidad, esta no está salvada. Él ya no puede ser el Salvador en el sentido pleno del término y una lógica más de muerte que de vida se instalará en el cristianismo, particularmente en el cristianismo romano-occidental: Cristo no asumió su sexualidad, por tanto la sexualidad no está 'salvada', por tanto la sexualidad es mala, por tanto asumir su sexualidad puede ser degradante y puede hacernos 'culpables'. La sexualidad así culpabilizada puede volverse peligrosa, volvernos efectivamente enfermos. El instrumento cocreador de la vida que nos hacía existir 'en relación', 'a imagen y semejanza de Dios' se vuelve así, lógicamente, un instrumento de muerte. *El Evangelio de María*, como el de Juan y el de Felipe nos recuerdan que Jesús era capaz de intimidad con una mujer. Esta intimidad no era solamente carnal, era afectiva, intelectual, espiritual; se trata de salvar, es decir, de hacer libre al ser humano por entero, introduciendo la consciencia y el amor en todas las dimensiones de su ser. El *Evangelio de María*, recordando el realismo de la humanidad de Jesús en su dimensión sexuada, no quita nada al realismo de su dimensión espiritual, 'pneumática' o divina» (p. 14); consúltese para toda esta cuestión el minucioso libro de L. Sebastiani, *Maria Madalena. De personagem do evangelho a mito de pecadora redimida*, Vozes, Petrópolis, 1995, esp. pp. 20-70.

reconocer que no basta el principio liberador. Es preciso crear las condiciones ideológicas, económicas y políticas para su implementación histórica[19], que solo en los días actuales lentamente se están produciendo, contrariamente a la Iglesia institucional, que persiste en la negación de la memoria peligrosa de Jesús.

Aun así es importante destacar que el sueño originario nunca se perdió totalmente. Hubo por lo menos, entre otros, dos momentos en el cristianismo en que lo femenino y lo masculino se expresaron de manera ejemplar. El primero ocurrió con Robert d'Arbrissel (m. 1116), fundador de una de las mayores abadías de la cristiandad en Fontevraud en el valle del Loira. Partiendo del hecho de que al pie de la cruz estaban mujeres y el evangelista Juan (Jn 19,25-27), dedujo que hombres y mujeres deberían convivir fraternalmente. Fundó una abadía donde convivían monjes y monjas. Robert mismo pasaba las noches entre las mujeres para mostrar la convivencia entre los sexos. Confió la dirección de la inmensa abadía a una abadesa y los demás priores estaban subordinados a ella. Tal régimen funcionó hasta la Revolución francesa.

Otro momento importante para una vivencia nueva entre los géneros fue la relación de profundo afecto entre Francisco y Clara de Asís. El amor humano culminaba en el amor divino y la misma opción por la altísima pobreza unía sus corazones. Tales ejemplos siguen sirviendo de referencia valorativa para muchas personas religiosas.

---

19. Véase las reflexiones críticas de J. M. Aubert, *La mujer. Antifeminismo y cristianismo*, Herder, Barcelona, 1976, pp. 26-32, 91-94.

RELEVANCIA DE LA RESURRECCIÓN
PARA LA CRISTOLOGÍA

Por la resurrección, el Jesús *kata sarka*, según la carne, limitado en el espacio y en el tiempo palestinos, se vuelve el Cristo *kata pneuma*, el Cristo según el Espíritu, es decir, según la naturaleza divina, y por eso, en el Cristo cósmico que llena todos los espacios de lo humano y del universo. Bien lo dice el ágrafon 77 del evangelio copto de santo Tomás, en el cual emerge su ubicuidad cósmica: «Yo soy la luz que está sobre todas las cosas. Soy el universo; el universo salió de mí y el universo retornó a mí. Parte la leña, y yo estoy dentro de ella; levanta la piedra, y yo estoy debajo de ella, pues estaré con vosotros todos los días hasta el fin de los tiempos».

El evento resurrección constituye por lo tanto el punto de partida de toda y de cualquier jesuología y cristología. Jesús, por su mensaje y acción, por su magnetismo y carisma provocó admiración y también fe por parte de los apóstoles, de los discípulos y de las mujeres que lo seguían. Estas, al contrario que los apóstoles, nunca lo traicionaron y lo acompañaron hasta el calvario. Él era indudablemente alguien que tenía un poder especial de curar enfermos y hacía exorcismos en el sentido de liberar a las personas de graves dolencias psíquicas, consideradas con las categorías de la época, posesión diabólica.

Así y todo, si no hubiese ocurrido la resurrección, todo esto habría caído en el olvido. Jesús habría entrado en la lista de tantos profetas que intentaron transformar el mundo y fueron rechazados y muertos. Por el contrario, con la resurrección cambió todo. La resurrección es la victoria sobre el tipo de muerte que conocemos y la inauguración de otro tipo de vida en la cual la muerte ya no tiene lugar, una vida en plenitud. La resurrección es, entonces, la celebración de una presencia viva, no la rememoración de un pasado muerto.

Este es el hecho fundante del cristianismo. La resurrección se presenta como una revolución dentro de la evolución. No es solo de Jesús, pues según san Pablo y toda la tradición bíblica, es de toda su comunidad. Él es el primero entre muchos hermanos y hermanas (cf. Rom 8,29); nosotros participamos de ella. No vivimos para morir; morimos para resucitar.

Sin embargo, en su inculturación grecorromana, la resurrección de Jesús fue leída apologéticamente como el mayor milagro y una especie de venganza contra su condena injusta. La resurrección del ser humano fue relegada para el fin del mundo, y sin embargo —como eminentes teólogos ecuménicos sostienen— ocurre al morir, cuando terminan el mundo y el tiempo para la persona.

¿Y qué viene después? La eternidad, con la resurrección como expresión de la completa realización de todas las virtualidades escondidas en cada persona.

En la historia del cristianismo, encarnado en la cultura grecolatina, la resurrección fue sustituida por la doctrina griega de la inmortalidad del alma. Esto hizo que el cristianismo, en vez de ser un movimiento de esperanza y de anticipación del fin bueno para la humanidad y para toda la creación, se transformase en una institución, en una religión, al lado y junto a las demás, con todo lo que es propio de una religión: doctrinas, cánones, ritos y tradiciones. Pero perdió su singularidad y aquel impulso utópico presente en la fe en la resurrección, capaz de dinamizar y transformar el destino humano.

A pesar de este desvío, la resurrección se mantuvo viva en las celebraciones y en las liturgias, especialmente por el sacramento de la eucaristía, en el cual se reafirma la presencia sacramental y real de Cristo vivo y resucitado entre nosotros.

Este acontecimiento de la resurrección va a ser el catalizador de toda cristología que se presente como cristiana. Sin la fe en la resurrección no habrían surgido las comunidades cristianas, no se habría asumido el camino de Jesús ni se habrían escrito los cuatro evangelios y todos los demás textos neotestamentarios. El desafío para los apóstoles era exactamente cómo interpretar la muerte de cruz, considerada un escándalo y maldición divina, y la resurrección, como un evento sorprendente después de la crucifixión. Buscaron textos de las Escrituras y llenaron los evangelios de citas bíblicas a fin de encontrar un sentido a todos aquellos acontecimientos.

LA RESURRECCIÓN COMO INSURRECCIÓN:
EL VERDUGO NO TRIUNFA SOBRE LA VÍCTIMA

Lo que sostiene al cristianismo en sus distintas expresiones históricas en diferentes iglesias no es la referencia a un gran profeta o a un sabio, ni la cruz impuesta injustamente a alguien que pasó por el mundo haciendo solamente el bien, ni su sangre derramada en la cruz. Es la resurrección.

Pierre Teilhard de Chardin, arqueólogo y místico francés (m. 1955), fue uno de los primeros en articular la fe cristiana con la visión evolucionista del mundo. Él afirma con convicción que la resurrección es un concepto *tremendous* (formidable) de alcance universal que va más allá de la propia fe cristiana.

Representaría una revolución dentro de la evolución. En otras palabras, una anticipación del fin bueno de toda la creación y la realización de todas las virtualidades escondidas dentro del ser humano que, prisionero del espacio-tiempo, no consigue realizarlas mientras vive en la Tierra.

El ser humano es un ser que todavía está naciendo. Y he aquí que llega un momento dentro del proceso cosmogénico en curso en el que se le da esta oportunidad de acabar de nacer. Entonces implosiona y explosiona el *homo revelatus*, el ser humano totalmente revelado y realizado en su plena hominización. Es la anticipación de la esperanza radical de que la última página de la historia humana y universal no la escribe la muerte, sino la vida en plenitud.

La resurrección es, para los que profesan la fe cristiana, la realización en la persona de Jesús de Nazaret de lo que él anunciaba: el reino de Dios. Este supone una revolución absoluta de todas las relaciones, inclusive cósmicas, inaugurando el mundo nuevo. Esa revolución implica la superación de la muerte y el triunfo definitivo de la vida, no de cualquier tipo de vida, sino de una vida totalmente plenificada. Por fin, el *novissimus Adam* (1 Cor 15,45) acaba de irrumpir dentro de la historia.

San Pablo, inesperadamente, tuvo una experiencia del Resucitado cuando iba camino de Damasco a apresar cristianos. A la luz de esta experiencia, se burla de la muerte y exclama: «Oh, muerte, ¿dónde está tu victoria? ¿Dónde está, oh, muerte, tu aguijón, con el cual nos asustabas? La muerte fue tragada por la victoria. Gracias a Nuestro Señor Jesucristo» (1 Cor 15,55-57).

Jesús de Nazaret, limitado en el espacio y el tiempo palestinos, se transforma en el Cristo cósmico que penetra todo el universo. Aquí cabe recordar la frase del evangelio apócrifo de santo Tomás, datado alrededor de los años cincuenta y en el cual se dice: «Yo soy la luz del mundo. Todo ha salido de mí y todo vuelve a mí. Levanta la piedra, yo estoy debajo de ella. Parte la leña y yo estoy dentro de ella. Pues estoy con vosotros hasta la consumación de los tiempos». Estamos conectados con la presencia cósmica de Cristo hasta en las actividades más corrientes y fatigosas como levantar piedras y partir la leña. Él también está ahí.

El cristianismo vive y sobrevive por la fe en la resurrección de Cristo, no por la creencia en la inmortalidad del alma, tema que no es cristiano, sino platónico. Aquí se decide todo, hasta el punto de que Pablo en su primera carta a los Corintios afirma con todas las palabras: «Si Cristo no resucitó, vana es nuestra fe; somos falsos testigos, somos los más miserables de todos los hombres» (1 Cor 15,14-19).

La explosión de luz se transforma en explosión de alegría. Contra la experiencia cotidiana de la mortalidad, especialmente en el tiempo en que toda la humanidad fue atacada por la acción letal del covid-19, podemos mantener la fe y la esperanza de que los miles y miles que murieron, viven resucitados. Cristo, nuestro hermano, es el primero entre sus hermanos y hermanas. Nosotros participamos de su resurrección, pues lo que ocurre en su humanidad, afecta a la humanidad que está también en nosotros. Por eso podemos decir: no vivimos para morir. Morimos para resucitar.

Los muertos por el virus, de los cuales no pudimos despedirnos, ofrecerles un último homenaje y hacerles el velatorio, solo están invisibles. Ellos, resucitados, no están ausentes, sino muy presentes. Esto puede enjugar nuestras lágrimas y dar sosiego a nuestro corazón.

Por otra parte, la resurrección representa una insurrección contra la perversa justicia de los hombres, judíos y romanos, por la cual Jesús fue condenado al suplicio de la cruz. Esa justicia establecida y legal fue impugnada. Con la resurrección de Jesús triunfó la justicia divina, que se realiza primeramente en los injustamente oprimidos e injusticiados como fue Jesús de Nazaret.

Cabe recordar que quien resucitó no fue un emperador con todo su poder político y militar. No fue un sumo sacerdote en la cumbre de su santidad. Ni un sabio con la irradiación de su sabiduría. Fue un crucificado, un asesinado, muerto fuera de los muros de la ciudad, lo cual para la comprensión religiosa de los judíos significaba una suprema humillación y expresión del abandono de Dios.

La resurrección define el sentido de nuestra esperanza: ¿por qué morimos si ansiamos vivir siempre? ¿Qué sentido tiene la muerte de aquellos que sucumbieron en la lucha por la justicia de los humillados y ofendidos? ¿Quién dará sentido a la sangre de los anónimos, de los campesinos, de los obreros, de los indígenas, de los negros y negras, de las mujeres y de los niños, derramada por los poderosos cuando su único delito fue reivindicar su derecho negado?

La resurrección responde a estas preguntas sin respuesta del corazón. Ella nos garantiza que el verdugo no triunfa sobre la víctima. Significa la recuperación de la justicia y del derecho de los débiles, de los subyugados y deshumanizados como lo fue el Hijo de Dios cuando pasó entre nosotros. Ellos heredan la vida nueva. La justicia de los pobres y condenados de la Tierra es la justicia divina.

¿Cómo denominar la realidad resucitada que llegó a la culminación anticipada de la evolución? Los autores del Nuevo Testamento se enredan en los términos. Para un evento nuevo, un lenguaje nuevo. El más pertinente, entre otros, es el de san Pablo: el «novísimo Adán» o «cuerpo espiritual» (1 Cor 15,45).

El primer Adán trae consigo la muerte; el novísimo, Jesús resucitado, deja atrás la muerte. La expresión «cuerpo espiritual» parece contradictoria: si es cuerpo no puede ser espíritu; si es espíritu no puede ser cuerpo. Pero Pablo inteligentemente une los dos términos: es cuerpo, realidad concreta y no fantasmagórica, pero un cuerpo con cualidades del espíritu. Es propio del espíritu estar más allá de la materia, como ya lo vio Aristóteles. Por el espíritu habitamos las estrellas más distantes y tocamos la realidad divina. El espíritu posee una dimensión trascendental y cósmica. Está en nosotros, limitado en el espacio y en el tiempo. Por la muerte se libera de esas amarras e irrumpe en su carácter universal y cósmico. Esa cualidad está presente en el evento de la resurrección. No sin razón, Pablo elabora en sus cartas, especialmente a los Efesios (1,10) y a los Colosenses, toda una cristología cósmica: el Resucitado «es todo en todas las cosas» (3,11), llena el universo y nos acompaña en las tareas más cotidianas.

Para terminar, cabe destacar que la resurrección es un proceso: comenzó con Jesús y se extiende a lo largo de la humanidad y de la historia. Siempre que triunfa la justicia sobre las políticas de dominación, siempre que el amor supera la indiferencia, siempre que la solidaridad salva vidas en peligro, ahí está ocurriendo la resurrección incipiente, es decir, la inauguración de aquello que tiene futuro y será perennizado para siempre.

Quien cree en la resurrección ya no puede vivir triste, no obstante la oscuridad de la historia como la nuestra actual, amenazada por la alarma ecológica y por la nueva era del antropoceno, el necroceno y el piroceno. El viernes santo es un paso que culmina en la resurrección; es más que el triunfo de la vida, es la plena realización de la vida en todas sus virtualidades.

LA CARNE (JESUOLOGÍA) PRECEDE
AL ESPÍRITU (CRISTOLOGÍA)

Supuesto este horizonte, la cristología puede arrancar del Jesús histórico para poder llegar al Cristo de la fe. En este caso, la carne precede al espíritu. La historicidad concreta, vulnerable y limitada, con sus luces y sombras (carne) sostiene al espíritu, la dimensión salvífica y divina de Jesús (espíritu), el Cristo. La jesuología está en la base de la cristología. Esta, sin la concreción de aquella, se evapora en un relato imaginativo.

Por eso es importante partir del Jesús histórico. Pero debemos pensar la historia como la entendemos hoy dentro de la nueva visión del universo, de la vida y de la humanidad.

Jesús estaba potencialmente presente en aquel pequeñísimo punto inicial, lleno de materia, de energía y de información, que después explotó (*big bang*). Estaba también potencialmente en el interior de las grandes estrellas rojas en cuyo corazón se forjaron todos los elementos fisicoquímicos que componen todo el universo. Al explotar, esparcieron esos elementos en todas direcciones y formaron las galaxias, las estrellas, los planetas como la Tierra, a cada uno de nosotros y también la humanidad del Jesús histórico. Así, el hierro que corría por sus venas, el fósforo y el calcio que fortalecían sus huesos y sus nervios, el nitrógeno que aseguraba su crecimiento, el 65 % de oxígeno y el 18 % de carbono sin los cuales la vida no surge y prospera, estaban presentes en Jesús.

Su origen es por tanto tan ancestral como el universo. Sus *raíces* próximas se encuentran en nuestra Vía Láctea; su *cuna*, en el sistema solar; su *casa*, en el planeta Tierra, y su *lugar* concreto en Palestina, más precisamente en Nazaret.

Es un arameo, miembro del pueblo semita cuyos orígenes antiguos se encuentran en Mesopotamia, actualmente el sudeste de Turquía, el nordeste de Siria y el norte de Irak. No era, por tanto, un europeo blanco de ojos azules y pelo rubio, como está representado en la iconografía dominante, ni un griego ni un romano; era más exactamente un natural de Oriente Medio, un semita arameo, con un color de piel tirando a moreno. Vivió en una provincia marginal del Imperio romano, Palestina, bajo la *immensa pacis maiestas* (majestad inmensa de la paz) del emperador César Augusto.

Si partimos del Jesús histórico, debemos tomar en serio su naturaleza humana, formada a lo largo de miles de millones de años de historia cósmica y terrenal. Pero él también está entroncado en nuestra historia concreta, humana, semita, con el peso que toda historia conlleva: la complejidad, el alcance, la limitación, la finitud, las crisis y la mortalidad.

La afirmación del credo de que él es consustancial a nosotros, en toda nuestra humanidad, implica reconocer que Jesús pasó por todas las etapas de formación de su identidad. Primero, hasta los dos años más unido a su madre, María, que, como todas las madres, da al niño el sentimiento de refugio y de acogida. En la etapa posterior, la relación pasa a la figura del padre, José, en el cual encuentra el héroe, la fuerza y la seguridad. Corresponde al padre fijar los límites y enseñar el respeto a todas las personas y la reverencia a Dios. El padre es también el puente entre la familia inmediata y el mundo exterior, los abuelos, los parientes, los amigos, los hombres y mujeres en general. Jesús encontró su lugar en la sociedad y definió su profesión.

Cada fase implica cierta crisis de paso. Esta debe entenderse como algo normal en el proceso de individuación. Superando las crisis es como la persona madura y define su camino de vida. Está la crisis de la juventud, la crisis de la madurez, la crisis de la elección de profesión. Por todo esto pasó el Jesús histórico; si no lo hubiera hecho, no sería humano como nosotros y la encarnación no habría sido plenamente humana.

Cabe destacar que Jesús, como protagonista histórico, posee su lado *objetivo* y también su lado *subjetivo*. Está en el mundo junto con otros (objetivo) y simultáneamente siente, reacciona y piensa con sus experiencias, con su subjetividad propia (subjetivo). ¿Cómo vivió Jesús de Nazaret objetiva y subjetivamente su realidad concreta?

La mayoría de la producción cristológica, inmensa y propia de cada generación, o bien parte del dogma de la Encarnación del Hijo del Padre por la fuerza del Espíritu —por tanto del carácter divino de Cristo—, o bien parte del hombre histórico, Jesús de Nazaret, de su gesta, de su mensaje, de la esperanza que suscitó y también de los conflictos que provocó, y finalmente de su condena a muerte en la cruz a la que siguió su resurrección.

Actualmente, la teología ecuménica a partir de los estudios exegéticos, históricos y hasta arqueológicos, especialmente la teología de la liberación, parten del Jesús histórico, de su seguimiento, de la centralidad de su vida, de su práctica, claramente ligada a los más pobres y sufrientes y, por eso, liberadora. Sus seguidores eventualmente pueden conocer su mismo destino: peligro de persecución, de difamación e incluso de muerte violenta como se constata en la historia del cristianismo, especialmente entre nosotros en América Latina y particularmente en Brasil, en la región amazónica y en otros lugares de riesgo.

Ante la relevancia del Jesús histórico, el teólogo francés Jean Onimus señalaba acertadamente: «El 'Verbo encarnado' no tiene en adelante ningún impacto en nuestros espíritus; pero la voz que llama hacia sí a los niños pequeños, que promete la felicidad a los humildes y sitúa el amor por encima de todos los valores, será siempre escuchada, por todos los hombres y en todos los tiempos [...] Volver a poner a Jesús en primer plano, verlo vivir, volver a sentir, en la medida en que todavía sea posible, el tono de su palabra, sus cóleras, sus impaciencias, pero también sus momentos de afecto y de piedad [...] un ser totalmente *humano* que viene a revelarnos —*a fuerza de ser humano*—lo que hay de *totalmente otro* en lo hondo de nosotros, lo que hay, quizá, efectivamente de divino»[1].

Pues bien, cuando hablamos de encarnación, pensamos exactamente en estas cualidades humanas de Jesús, aunque la palabra *encarnación* a causa de su uso haya perdido la densidad antes descrita.

El gran poeta portugués Fernando Pessoa dirá la misma cosa en su lenguaje poético: «Él es el Dios que faltaba. Él es el humano natural. Él es lo divino que sonríe y que juega... tan humano que es divino».

De manera semejante a los textos de este teólogo y de este poeta, se han publicado excelentes estudios centrados en el mundo concreto en el que vivió el Je-

---

1. Jean Onimus, *Jesús en directo*, Sal Terrae, Santander, 2000, pp. 22-24 (cursivas en el original).

sús histórico como carpintero-artesano y campesino mediterráneo.

El contexto es la ocupación de Palestina por las
fuerzas imperiales romanas, las distintas tendencias religiosas y políticas internas al judaísmo de su tiempo, y
el conflicto que Jesús mismo provocó: con su mensaje
de esperanza, con su práctica liberadora y por la auto-
ridad y soberanía con las que obraba como quien actúa
en nombre de Dios. Anunciaba el proyecto del Padre:
el reino de Dios que está en medio de nosotros.

Las fuentes son principalmente los cuatro evangelios, a los que añadimos el evangelio apócrifo de Tomás,
la *Didajé* y la Fuente Q, texto base para los evangelios
de Mateo y de Lucas, y también el *código D* y demás
textos del Nuevo Testamento, especialmente los escritos
de san Pablo, él mismo gran testigo de la resurrección,
aunque no haya conocido al Jesús histórico. Los evangelios, que empezaron a escribirse unos treinta o cuarenta años después de la ejecución de Jesús en la cruz,
están llenos de reflexiones sutiles, verdaderas teologías
que procuran comprender la vida, la muerte violenta y
la resurrección de Jesús.

Cada uno de los evangelios representa a una deter-
minada comunidad que a lo largo de los llamados años
oscuros (entre la muerte de Jesús y la redacción de los
textos evangélicos) desarrolló sus propias reflexiones
sobre el significado humano y divino de Jesús. En ellos
se mezclan memorias históricas, teologías y la intención
misionera de difundir la nueva forma de llamar a Dios
(Trinidad), anunciar la buena nueva del Reino y dar testimonio del acontecimiento de la resurrección como la
gran esperanza para la humanidad.

Esta combinación entre memorias de hechos históricos y reflexiones teológicas, e incluso la elaboración
directa de teología, representan el esfuerzo de aquellas

comunidades primitivas por entender y anunciar lo que había sido vivido y demostrado por Jesús: el amor incondicional de Dios-*Abba* hacia todos. Así, por ejemplo, parecen ser una producción teológica los relatos de la infancia de Jesús. Este conjunto de factores, sin embargo, deja poco claro en términos estrictamente históricos cuál fue la *ipsissima vox Jesu* (sus palabras originales) y cuál fue la *ipsissima intentio Jesu* (su proyecto de base).

EL PROYECTO FUNDAMENTAL DE JESÚS: UNIR EL PADRE NUESTRO CON EL PAN NUESTRO

Dando por supuesta una amplia investigación exegética que no cabe resumir aquí, son muchos los estudiosos que afirman que en la oración del padrenuestro (Lc 11,2-4; Mt 6,9-13) descubrimos el proyecto fundamental de Jesús. En primer lugar, porque a partir de la oración del padrenuestro se han dicho cosas que pasaron a ser consideradas esenciales: el misterio de la encarnación del Verbo, la Iglesia, la jerarquía, la eucaristía, y los dogmas cristológicos y trinitarios. Para Jesús no es esto lo que debe ser tomado en consideración. Lo importante es el *Padre nuestro*, su designio salvador que es el *Reino*, y *el pan nuestro*, el ser humano en sus necesidades básicas. Hay que aclarar que Jesús llama a Dios *Abba* (padrecito), una expresión sin paralelo en toda la literatura judaica, una locución infantil que nadie usaría para referirse a Dios. *Abba* revela una relación de intimidad y de total confianza como la que se tiene en la vida diaria con el padre o con el abuelo. Jesús usa ciento setenta veces la expresión *Abba*.

Cuando los discípulos le piden a Jesús: «Señor, enséñanos a orar» (Lc 11,1), cosa que todo judío sabe muy bien, se trata de un recurso lingüístico para decirle: «Señor, danos a entender claramente tu intención fundamental, dinos cuál es el propósito de tu mensaje». Jesús les revela entonces su intención originaria en forma de oración. Es el padrenuestro actual, rezado siempre en toda la cristiandad.

De manera resumida podemos afirmar que lo esencial de su mensaje, contenido en esta oración, reside en estos dos polos: el *Padre nuestro* y *el pan nuestro* en el marco del *Reino*, que configura el proyecto último y supremo de Dios sobre la humanidad y sobre toda la creación.

Mirándola bien, esta oración reveladora que Tertuliano (m. 225) —tal vez el más eminente teólogo laico del cristianismo antiguo, nacido en el norte de África— llamó «compendio de todo el evangelio (*breviarium totius evangelii*)» responde a tres hambres fundamentales de cada ser humano:

— La *existencia de Alguien* que pueda aceptarlo tal como es y lo acoja al final: y ahí surge la figura de Dios-*Abba*.

— Otra hambre, insaciable, es el hambre de un sentido último y pleno de todo lo que existe en el cielo y en la tierra, presente siempre en la vida humana, y entonces surge la figura del *Reino*.

— La tercera, saciable, pero sin la cual las otras dos perderían su base, es el hambre de *pan*, alimento diario que asegura la continuidad de la vida en la Tierra.

Solo quien mantiene siempre unidos el *Padre nuestro* y *el pan nuestro* con la perspectiva de un sentido final y plenificador, el Reino, puede decir Amén.

En la historia conocemos polarizaciones: hay quienes celebran al *Padre nuestro*, cantan y alaban al Padre por su bondad y se olvidan del *pan nuestro*. Y hay los que, por el contrario, luchan y se sacrifican por el *pan nuestro* olvidándose del *Padre nuestro*. Ambos representan liberaciones pero insuficientes que, en el fondo, no responden a las tres hambres fundamentales del ser humano. No se alinean con la tradición de Jesús.

Seguramente la exégesis crítica identifica otras palabras del Jesús histórico como datos seguros, por ejemplo, las bienaventuranzas, o algunos milagros y especialmente el grito en lo alto de la cruz, que los evangelistas mantienen en su formulación hebraico-aramaica: *Eloí, eloí, lama sabactani*: «Dios mío, Dios mío, ¿por qué me has abandonado?» (Mc 15,34 par).

Ya que estamos en el ámbito de la historia, sin minusvalorar su *dimensión objetiva* (su divinidad), nos interesa la dimensión *subjetiva*, o sea, el proceso interior de Jesús que lo llevó a sentirse Hijo de Dios-*Abba*.

DE UN MONOTEÍSMO ESTRICTO A UN MONOTEÍSMO TRINITARIO

Este proceso es enormemente sorprendente, y en cierto sentido chocante, pues toda la tradición judaica, desde sus inicios hasta el día de hoy, afirma al mundo el monoteísmo, la soberanía de *un único* Dios verdadero. Los judíos condenados a las cámaras de gas durante el exterminio nazi, la Shoá, entraban cantando *Shemá Israel, Adonai eloheinu*: «Escucha, Israel, nuestro Dios es uno».

¿Cómo hay alguien que osa crear una ruptura en esta tradición de mártires en nombre del único y verdadero Dios y afirma ser Hijo de Dios? ¿Es blasfemia? ¿Es locura? No es ni blasfemia ni locura, sino el anuncio de otra manera de entender a Dios, único, sí, pero que quiso compañeros en su vida, que se autocomunicó sin reservas a la humanidad por medio del Hijo del Padre que se encarnó en nuestra carne (Jn 1,14) y por el Espíritu que hizo su morada en María de Nazaret (Lc 1,35). Tenemos que entender lo que representa esta reivindicación divina por parte de Jesús para los fieles judíos, a fin de poderles hacer justicia. Mostraron tener una inmensa dificultad para acoger a Jesús como Hijo de Dios y aceptar que obraba en nombre de Dios.

Incluso entre los cristianos sabemos cómo fue de difícil y larga la batalla intelectual hasta el concilio de Calcedonia (451) para profesar que «Jesucristo es verdadero Dios y verdadero hombre, con la misma sustancia del Padre y con verdadera sustancia humana» como la nuestra. Esa profesión de fe abrió el camino para conferir la misma naturaleza divina al Espíritu creador que impulsaba a Jesús en su predicación liberadora y dio cohesión a la primera comunidad apostólica en la fiesta judía de Pentecostés. Ya en el concilio de Constantinopla (381) el credo cristiano, la fe cristiana, la piedad y la reflexión asumieron definitivamente la naturaleza trinitaria de Dios, como Padre, como Hijo y como Espíritu Santo.

Irrumpe así la manera trinitaria de concebir y hablar de Dios como un Dios-comunión, un Dios-amor, un Dios-relación. Se trata de una inter-retro-relación (*pericoresis*, en griego) entre las Personas divinas, tan esencial que permite hablar de un único Dios vivo, cuya naturaleza es relacional. *En el principio no está la soledad del Uno, sino la comunión de los Tres.* Ellos están tan entrelazados e imbricados el uno en el otro, por el otro y con el otro que emerge un único Dios-amor, un único Dios-comunión, un único Dios-relación esencial. Surge un monoteísmo que ya no es estricto, sino trinitario. Ya no es la misma concepción compartida por musulmanes y judíos de un monoteísmo radical, sino que debido a esta naturaleza relacional de Dios surge un monoteísmo de tipo trinitario.

LA IMPORTANCIA DEL BAUTISMO DE JESÚS: LA CONCIENCIA DE SER HIJO DE DIOS-*ABBA*

Hechas estas observaciones necesarias, cabe preguntarnos ahora ¿cómo se dio en Jesús el proceso interior de sentirse el Hijo amado de Dios-*Abba*? Respondemos: esto ocurrió cuando Jesús fue bautizado por Juan Bautista (Mc 1,9-11; Mt 3,13-17; Lc 3,21-22). Allí oyó interiormente una voz que lo estremeció: «Tú eres mi Hijo muy amado y me das gran gozo» o, según una variante primitiva del confiable *código D*: «Yo te engendré».

Las cristologías dominantes casi no abordan esta cuestión de la subjetividad de Jesús, pues existía el riesgo de psicologizar la experiencia de Jesús. Ellas se atienen a la historicidad, aun sabiendo que la idea de hacer una historia factual de Jesús fue abandonada, especialmente después de los estudios de Reimarus, Strauss y sobre todo de Albert Schweitzer sobre el tema, mostrando la imposibilidad de hacer una historia, objetivamente fundada, de la vida de Jesús. Esta concepción fue radicalizada por Rudolf Bultmann que en su famoso libro *Jesús*, resultado de decenios de estudios críticos de la «historia de las formas» (*Formgeschichte*) y de la «historia de la redacción» (*Redaktionsgeschichte*), ofrece los datos más seguros sobre el Jesús histórico sin incluir el evento de la resurrección. Para él, la resurrección nos sitúa delante de un evento transhistórico, no captable empíricamente sino solo por la fe.

Por ser así, la resurrección escapa al ojo de quien investiga la historicidad de Jesús de Nazaret. Si en la tumba de Jesús hubiese sido instalada una cámara, no habría captado la resurrección porque esta se sitúa en otro nivel de la realidad, no captable empíricamente con nuestros órganos o aparatos comunes; ella ocurre en la dimensión de lo divino, que por su naturaleza no es captable empíricamente. No por eso es inexistente. Ella ocurrió, es un evento, pero en un nivel transempírico, solo captable por la fe.

No tememos la crítica de psicologización. No se trata de eso. Se trata de algo que envuelve seguramente la psique humana de Jesús, pero que va más allá. Lo alcanza más profundamente, en el nivel de la esencia del ser (ontológico) que sobrepasa los límites de la mera *psique*. Jesús tuvo más que una *vivencia espiritual* que, como la palabra sugiere, se restringe al ámbito de lo vivencial y sensible. La experiencia es más profunda, porque es totalizadora de toda la existencia de Jesús. Por eso, su carácter esencial (ontológico) envuelve todo su ser, la psique, la conciencia profunda, la voluntad originaria y la apertura total al Infinito. Tal evento significa una experiencia que es más que una vivencia.

Veremos más adelante los pasos recorridos por el carpintero-artesano, que, venido desde la oscuridad de la conciencia, fue creciendo hasta la plena luz de una autoconciencia clara, que lo hizo sentirse el amado del Padre-*Abba* y de ahí el Hijo del «Padre querido».

Este dato es original de Jesús y corresponde a la teología rastrearlo, no por curiosidad, sino por una razón devota que se da cuenta de que estamos ante un misterio que se da a conocer y que permanece misterio en todo conocimiento. Debemos respetar cómo la conciencia de ser Hijo amado fue tomando forma lentamente en las palabras y en la interioridad del hombre Jesús de Nazaret hasta tener la experiencia fundante de sentirse Hijo del Padre, y empezar a predicar y a actuar como Hijo que anuncia y realiza el proyecto de este Padre bondadoso y amoroso: su Reino.

Estoy convencido de que esta experiencia originaria y única sucedió realmente. Conocemos la circunstancia: fue al ser bautizado por Juan Bautista. Exceptuando las narraciones de la infancia de Jesús, elaboradas por los evangelistas Mateo y Lucas, consideradas construcciones tardías y cargadas de significado teológico, todos los evangelistas comienzan con el *bautismo de Jesús por Juan Bautista*.

Cuando Jesús oyó hablar de la fama del Bautista, que venía del desierto, se alimentaba frugalmente, bautizaba junto al río Jordán y era piadoso, se unió a la multitud y fue también a ver qué estaba pasando allí. Acudían multitudes de toda Palestina, pues el Bautista predicaba la venida inminente del Reino (el nuevo orden querido por Dios) y pedía al pueblo penitencia en vista de esta irrupción a punto de acaecer. Probablemente, como insinúa el evangelio de Juan (3,22.26), Jesús se habría quedado algún tiempo junto a Juan Bautista, pues tres de sus discípulos, Andrés, Simón y Felipe, fueron atraídos por Jesús y se hicieron discípulos suyos. No obstante algunas convergencias (necesidad de conversión y espera del Reino), Jesús se diferencia del Bautista: tiene una experiencia original de Dios-*Abba*, no anuncia a un Dios-juez, sino a un Dios-*Abba*, un padre inmensamente amoroso.

De todos modos, Jesús se une a la multitud y se deja bautizar. Fue en ese exacto momento cuando Jesús llegó a la plena y lúcida conciencia de ser Hijo bienamado del Padre. Un torrente de amorosidad espiritual invadió su ser y transformó radicalmente su vida. Ahora estamos ante la raíz fundacional de toda reflexión teológica basada en la interioridad de Jesús, por tanto en una jesuología, en el Jesús histórico, que siente y vive ser Hijo de Dios-Padre bondadoso y misericordioso.

LA EXPERIENCIA ORIGINARIA:
LA CERCANÍA DE DIOS-*ABBA*

Profundicemos la naturaleza de la experiencia de Jesús cuando fue bautizado por Juan Bautista. En primer lugar, constatamos que en las religiones los seres humanos buscan a Dios. En la tradición de Jesús es Dios quien busca a los seres humanos. Aquellas lo hacen mediante la oración oral, la meditación silenciosa, la observancia de los preceptos religiosos y éticos, participando en las fiestas y en los ritos y guardando la memoria de las tradiciones. Cuanto más recta y fiel sea una persona, más meritoriamente llega a Dios.

En la tradición de Jesús ocurre lo contrario: es Dios quien busca al ser humano, especialmente a aquel que se siente perdido, que no se orienta por principios éticos y que, aun teniendo fe, juzga haber sido abandonado por Dios. Lógicamente, en esta tradición también se reza y se conservan las tradiciones religiosas, se vive éticamente y se participa en los cultos y las fiestas. Englobando todo: se *observa la Ley*. Pero la novedad no está aquí. Sin invalidar tales hechos religiosos, la singularidad que trae Jesús se capta por otro camino: su profunda *experiencia espiritual* del amor y la ternura de Dios-*Abba*.

En una oscura aldea, Nazaret, tan insignificante que no aparece nunca en las Escrituras del Antiguo Testamento y un poco despreciada («¿acaso de Nazaret puede venir algo bueno?», Jn 1,46), vive un hombre desconocido cuyo nombre nunca aparece en la crónica profana o religiosa de la época, ya sea la de Jerusalén o la de Roma. Pertenece al grupo de los llamados «los humildes de la Tierra», los invisibles, cuya característica consiste en vivir una profunda fe en el Dios de los Padres, Abraham, Isaac y Jacob, con una indestructible confianza en que Dios va a realizar lo que los profetas anunciaron: la justicia para los pobres, la protección de las viudas, y la exaltación de los humillados y ofendidos. Ese hombre es justamente Jesús de Nazaret.

Como ya indicamos, es de profesión artesano-carpintero y campesino como su padre José. Hasta la edad adulta vivió en familia la «espiritualidad de los pobres de Yahvé». Era conocido en su aldea como «el hijo de José, de quien conocemos el padre y la madre» (Jn 6,42) o simplemente «el carpintero, hijo de María» (Mc 6,3) o «el hijo de José» (Lc 4,22).

Pero él mostraba algo muy particular que dejaba asombrados a sus mismos padres. No llamaba a Dios, Señor, como era la costumbre, sino de una forma muy suya: *Abba*, el diminutivo infantil para «papá». Eso quedó claro cuando a los doce años participó con sus padres en la romería anual a Jerusalén y quedó allí perdido en el Templo. Encontrado, ante la angustia de los padres, les dice: «¿No sabíais que yo debía quedarme en casa de *mi Padre*?» (Lc 2,49). Desconcertados, sus padres no entendieron este lenguaje inaudito (Lc 2,50). María, sin embargo, guardaba estas cosas en su corazón (Lc 2,51).

Y todo quedó ahí. No se sabe nada de su vida oculta, familiar y profesional. Solo el evangelista Lucas observó tardíamente en su evangelio, en los años 80 d. C., que «Jesús crecía en edad, sabiduría y gracia delante de Dios y de los hombres» (Lc 2,52).

Los comentarios exegéticos han dado poca importancia al bautismo de Jesús por Juan Bautista. Para nosotros, sin embargo, consiste en el evento decisivo que cambió el sentido de la vida del carpintero-artesano de Nazaret.

El hecho es que llegó el momento en que con la multitud, y no él solo, como muestran las pinturas y los grabados, Jesús entró en el agua. A una señal del Bautista, junto con todos los presentes, Jesús se sumergió en el agua del río Jordán y así se hizo bautizar.

Pero he aquí que en él ocurrió algo singularísimo. Una vez bautizado, «mientras rezaba», dice el texto de Lucas (3,21), sintió un profundo estremecimiento interno. Fue invadido por una ola de amor tan avasalladora que conmovió todo su interior: «Tú eres mi hijo amado, en ti me regocijo» (Mc 1,10-11; Mt 3,13-17). Lucas es más explícito y, en una versión del *código D* posiblemente más originaria, refiere lo que Jesús oyó interiormente: «Tú eres mi Hijo muy amado, *yo te engendré*» (Lc 3,21-22).

El lenguaje bíblico señala esta experiencia interior usando expresiones pictóricas y simbólicas: «el cielo se abrió y se vio al Espíritu descender sobre él en forma corpórea de paloma, y una voz celeste». ¿Cómo expresar adecuadamente una radical experiencia interior?

Estas metáforas que los evangelistas usan, no dejan de ser una escenificación plástica para expresar algo originalísimo y la radicalidad de una singular experiencia espiritual vivida por Jesús. Las palabras son incapaces de expresarla; lo hacen mejor los símbolos que hablan a la profundidad del ser humano, como nos enseña la tradición psicoanalítica.

A partir de ahí ocurrió la «conversión» de Jesús[1], una verdadera revolución en la vida de Jesús: se siente Hijo amado por Dios-*Padre querido*. Es invadido por una pasión de amor divino, por una amorosidad paternal que transformó su vida. Experimentó directamente la amorosidad de Dios, una presencia tan fuerte que afectó todo su ser, toda su conciencia y toda su existencia. Se hizo otro. Quien llama a Dios, Padre, se siente lógicamente su Hijo.

Observemos que no es él quien busca a Dios cuando piadosamente se dirige al río Jordán donde bautizaba el Bautista. Es Dios quien lo buscó y lo reveló como su Hijo muy amado. Aquí reside la gran revolución operada por Dios-*Abba* en Jesús de Nazaret. A partir de esta experiencia única, se desvincula de la familia y se entrega en cuerpo y alma al anuncio de una gran novedad: el amor y la ternura de Dios-*Abba* y la irrupción del reino de Dios. Deja Nazaret y se va a vivir a Cafarnaúm, al norte del lago de Genesaret.

1.   J. A. Pagola, *Jesús: aproximación histórica*, PPC, Madrid, 2007, p. 69.

JESÚS Y LAS TENTACIONES EN EL DESIERTO: LOS TRES PROYECTOS DE PODER

Cuando alguien se ve embargado por una experiencia arrebatadora, siente la necesidad de retirarse para meditar, profundizar tal experiencia y darse cuenta de su significado profundo. Así ocurrió con Jesús, y posteriormente con Pablo de Tarso. Este tuvo la experiencia del Resucitado (Hch 9,3-6), experimentó una profunda transformación y se fue a Arabia para interiorizarla; solo después volvió a Damasco y tres años más tarde fue a Jerusalén para encontrarse con los padres de la fe (cf. Gál 1,16-18). Con Jesús ocurrió algo parecido. Poco después de la íntima y fortísima experiencia amorosa y de sentirse Hijo muy amado de Dios-*Abba*, fue al desierto y permaneció allí cuarenta días y cuarenta noches (Mc 1,12; Mt 4,1 y par).

En el desierto, Jesús se enfrenta a tres tipos de poder: el *profético, el político y el religioso*, llamados por los evangelios sinópticos la «tentación de Jesús», configurada por el diablo (cf. Mt 4,1-11 par).

La hermenéutica bíblica entiende que las tentaciones de Jesús sucedieron en su interior. En su mente surge la figura del «tentador», como lo califica el evangelista Mateo (4,3). No debemos materializarlo como un ente exterior. Así como la experiencia de la amorosidad divina se dio en la interioridad más profunda de Jesús, expresada plástica y metafóricamente bajo la forma de una paloma, el cielo abierto y una voz, con las tentaciones ocurrió algo semejante. Las tentaciones son proyectos que circularon en la mente de Jesús, verdaderas tentaciones, suscitadas por el «tentador», Satanás, ante las cuales él debía tomar una posición.

Jesús rechaza las tres formas de poder, pues entiende su misión a la luz del Siervo Sufriente de Isaías, «como aquel que cargó nuestras enfermedades, tomó sobre sí nuestros dolores [...] y el Señor hizo caer sobre él la iniquidad de todos nosotros [...] pero él verá la luz y mi siervo justo justificará a todos» (Is 53,4;6;11). Por lo tanto, el camino del Hijo bienamado de Dios-*Abba* no será el de la pompa y la gloria con las que se reviste todo poder, sino el camino de la renuncia a todo poder y el de la humildad que se transforma en humillación, asumida en solidaridad con todos los humillados y ofendidos de la historia.

Como muchos exégetas sostienen, Jesús muy probablemente descubrió su verdadera vocación a la luz de los textos de Isaías (capítulos 52 y 53), en los cuales se describe el destino redentor del Siervo Sufriente.

Volviendo a las tentaciones: sabemos que el poder representa un arquetipo poderosísimo, presente en todos los seres humanos. Thomas Hobbes lo confirma en su famoso *Leviatán*: «Destaco, en primer lugar, como inclinación general de todos los hombres, un perpetuo e incansable deseo de poder y más poder, que solo termina con la muerte. La razón de esto no reside en un placer más intenso de lo que se espera, sino en que solo se puede mantener el poder buscando todavía más poder» (cap. X).

El poder da la sensación al ser humano de ser un pequeño dios que puede decidir sobre su vida y sobre la vida de los demás. Puede adquirir la forma de poder tiránico, poder compartido y poder-servicio. Si no se pone bajo control, el poder, por su lógica interna, quiere siempre más poder, se asocia a otros poderes para ser más fuerte, pues el poder no se permite ser débil para no ser absorbido por un poder más fuerte. El uso del poder es un gran reto y una verdadera tentación para el ser humano: ¿será un poder para dominar?, ¿será un poder para reforzar el poder de otros? o ¿un poder que sirve al bien común? Solo ejercita bien el poder quien sabe ejercerlo y al mismo tiempo mantenerse a distancia de él, evitando toda prepotencia y arrogancia.

La primera tentación es la del *poder profético*: transformar piedras en pan (Mt 4,3-4). Por el pan se garantiza la vida y la supervivencia. Un portador de poder puede dar como limosna pan y mantener sumisas a las masas humanas hambrientas. El populismo político usa esta estrategia: en vez de crear las condiciones para que los hambrientos busquen cómo ganar su pan por el trabajo, prefieren mantenerlos con hambre para hacerlos dependientes y así dominarlos a través de la limosna del pan cotidiano. Jesús aleja esta forma de poder citando un texto del Deuteronomio (8,3): «No solo de pan vive el hombre, sino de toda palabra que sale de la boca de Dios» (Mt 4,4).

La segunda tentación es la del *poder político*, tal vez la más seductora. Es el poder ejercido por reyes, dictadores, presidentes, potentados, dueños de tierras y de fortunas que ocupan altos puestos de poder y lo usan para mantener a los demás dependientes o dominados. La tentación de Jesús está plásticamente bien configurada a partir de «un monte muy alto desde donde se ven todos los reinos del mundo con su gloria» (Mt 4,8). Todo puede ser de Jesús, a condición de rendirse al tentador y «caer a tierra y adorarlo» (Mt 4,8-10). Es decir, el poder se arroga un carácter absoluto, que solo le es posible a Dios.

Esta es la tentación originaria descrita ya en las primeras páginas de la Biblia: «seréis como dioses» (Gn 3,5). Jesús, rechaza nuevamente este tipo de poder-dominación: «aléjate, Satanás, pues está escrito (Deut 6,13): al Señor tu Dios adorarás y solo a él servirás» (Mt 4,10). Su camino por recorrer no es un camino de pompa ni de gloria, dominando todos los territorios y a las personas, sino el de darles a conocer la amorosidad de Dios-*Abba*, aceptada en libertad. Su camino es el de la humildad y de servicio a toda criatura humana, especialmente a los más desamparados, sus hermanos y hermanas más pequeños (cf. Mt 25,40).

Finalmente, es tentado por otro tipo de poder, también fascinante, el *poder religioso*. Este es muy importante y eficaz. La religión trabaja con el sentido último, venera a Dios y funda los valores éticos. No obstante el proceso de secularización actual, hay que reconocer que la mayoría de la humanidad se rige por preceptos religiosos. Lo que en última instancia cuenta más que la ideología y los intereses económicos, son las convicciones de fe, las tradiciones, la familia y la identidad de un pueblo. La gente se compromete y lucha por estas cosas y hasta está dispuesta a dar su vida por ellas, como se constata en las distintas formas de fundamentalismo político-religioso.

El poder religioso se construye sobre la base de estos datos fundamentales, influye en las multitudes por sus valores sagrados, por la ética, y también por sus tradiciones, sus ritos y sus celebraciones. Es uno de los mayores factores de identidad de un pueblo. El poder sagrado puede introducir reformas en el ámbito de la propia religión y también en la sociedad. No es raro que el poder religioso se asocie al poder político legitimándolo, así como al poder popular, validando las reclamaciones de los pobres y de los oprimidos que gritan por vida y por justicia. De todos modos, el poder religioso es un poder siempre codiciado por otros poderes dado su carácter legitimador a partir de la última instancia o de Dios.

Jesús es tentado por este poder cuando es llevado al pináculo del Templo. El tentador juega su última carta y lo desafía en cuanto Hijo de Dios a hacer un milagro. Si se lanza desde allí hacia abajo «los ángeles lo llevarán en sus manos para que su pie no tropiece con ninguna piedra» (Mt 4,6). Jesús repele decididamente esta tentación con un texto del Deuteronomio (6,16): «No tentarás al Señor tu Dios» (Mt 4,7).

Por tanto, Jesús no se imagina como un sumo sacerdote que preside una religión y conduce religiosa y éticamente a todo un pueblo. No quiere presentar una reforma de la religión de la Ley y de la Torá. Ni propugna una revolución política que iría a restaurar el trono de David. Tampoco va a transformar milagrosamente piedras en pan para saciar a los hambrientos. Su vocación es otra, la de dar testimonio de la amorosidad divina incondicional, que se muestra en el campo religioso pero también en el campo profano a través del Siervo Sufriente que se entrega a los demás.

Cabe destacar que Jesús no vino para crear una religión nueva, pues había muchas en el Imperio romano, todas toleradas y presentes en el panteón de Roma. Él vino *para enseñarnos a vivir* los valores del Reino, que son el amor incondicional, la solidaridad sin fronteras, la compasión y la capacidad de perdonar sin condiciones previas. Él quiere el hombre nuevo y la mujer nueva. Esta es la gran revolución político-religiosa no violenta querida por Jesús.

Los sinópticos colocan las tentaciones muy al principio de los evangelios, antes incluso de que Jesús comience su misión. Quieren dejar claro que su mensaje, también de poder, no se confunde con los poderes establecidos y esperados por el pueblo, sino que es un poder de otra naturaleza, el de la amorosidad sin límites y universal.

Curiosamente después de vencer las tentaciones, a invitación de dos antiguos discípulos del Bautista, Simón y Andrés, Jesús cambia de lugar. Deja Nazaret, una pequeñísima aldea de doscientas o cuatrocientas personas en la ladera de una montaña, donde transcurrió gran parte de su vida, y se va a vivir con estos dos discípulos a Cafarnaúm, un pueblo de pescadores con cerca de mil habitantes, a orillas del lago de Genesaret. Desde allí recorre las ciudades vecinas como Betsaida, Corazaín y Magdala anunciando su mensaje.

LA GRAN TRANSFORMACIÓN:
LA AMOROSIDAD DE DIOS-*ABBA*

Sucede siempre que todas las cosas forman parte de un proceso. Con Jesús de Nazaret no fue diferente. Fue dándose cuenta lentamente de la proximidad amorosa de Dios, hasta irrumpir la plena conciencia al bautizarse en el río Jordán a la edad de treinta o treinta y cuatro años, según algunos.

Una cosa es ser *objetivamente* el Hijo muy amado de Dios, que pudo serlo desde su concepción, y otra es darse cuenta *subjetivamente* de este evento que conoce sus tiempos y momentos en un *crescendo* lento y constante que va acompañando las distintas etapas de su vida. En su bautismo en el río Jordán se produjo ese salto a la plena y clara conciencia, justamente por esa visitación experiencial de Dios-*Abba*.

Aquí se encuentra la gran singularidad relatada por los evangelistas: testimoniar *el amor incondicional de Dios*, Dios que se hace el prójimo más próximo, Dios que busca una radical intimidad con el ser humano, en este caso con Jesús de Nazaret. Ese amor es incondicional y universal: incluye a todos los seres humanos, independientemente de su condición moral y de su situación de vida, pues todos somos interdependientes y nos une la misma humanidad. Dios-*Abba* al acercarse tan íntimamente a Jesús, se acerca en ese mismo acto a todos sus hermanos y hermanas que comparten con él la misma humanidad, la misma vida con sus luces y sombras. Esto es lo que quiere decir el concilio de Calcedonia (451) al afirmar la plena humanidad de Jesús, igual a la nuestra.

Se trata de la comunicación gratuita del amor de Dios-*Abba* que se derrama en Jesús y hacia sus hijos e hijas humanos, hermanos y hermanas de Jesús, como antes jamás había ocurrido en la historia. A partir de ahora Dios-*Abba* está en medio de nosotros. Dicho en un lenguaje teológico erudito: Dios-*Abba* se autocomunicó totalmente y sin reservas a Jesús de Nazaret. Él mediante su Hijo bienamado está entre nosotros. Jesús es Dios presente en nuestra carne frágil y mortal. No sin razón el evangelio de Mateo registrará más tarde que su nombre es *Emanuel* (Mt 1,23), que significa «Dios con nosotros».

Con esto se inaugura un nuevo camino, distinto de aquel de la observancia de la ley y de las distinciones que se hacen entre buenos y malos, justos e injustos. Estas cosas, no las desconocemos, tienen su razón de ser en la convivencia humana, pero no es así como Dios ve y juzga a los seres humanos.

Su mirada y su lógica son totalmente de otra naturaleza. De Dios irrumpe un amor divino incondicional, comenzando por uno de esos que nunca suelen hablar, que no asistieron a una escuela de teología, como máximo a la escuelita bíblica de la sinagoga. El Nazareno vino de este medio. No pertenecía al mundo de los letrados, ni de los juristas, ni de la casta sacerdotal o con algún estatus social. Es un anónimo, más acostumbrado a trabajar con sus manos que al uso de la palabra.

De repente todo cambió: inundado por la proximidad amorosa de Dios se pone a predicar con tal entusiasmo y sabiduría que los oyentes comentan: «¿De dónde le viene tal sabiduría? ¿No es este el hijo del carpintero?» (Mc 6,3; Mt 13,54-55); los suyos están asombrados hasta el punto de «salir para detenerlo, pues decían: está loco» (Mc 3,21). Sí, está loco, tomado por la locura divina del amor incondicional y de la cercanía amorosa de Dios hacia todos los seres humanos, más allá de cualquier condición social o moral.

LA ESPIRITUALIDAD DEL JESÚS HISTÓRICO:
SUS TRES PASIONES

Quien se siente Hijo muy amado y ha experimentado la infinita amorosidad de Dios-*Abba* da testimonio de una profunda espiritualidad.

Por espiritualidad entendemos la experiencia concreta de ser Hijo bienamado. Esa experiencia ocurre cuando se pasa de la mente al corazón, sede de la razón cordial o sensible. El que siente es el corazón, no la mente. Para Jesús, Hijo no es un concepto de la mente, sino una experiencia del corazón, espiritual y emocional tan profunda que toma todo su ser. No es pensarse como el Hijo de Dios-*Abba*, sino sentirlo plenamente en el corazón y solo entonces pensarlo. Irrumpe una experiencia absolutamente original que causó asombro entre los judíos, que profesaban un monoteísmo estricto. Jesús va más allá de ese monoteísmo y nos revela un Dios-amor incondicional, un Dios-comunión ilimitada que se hace historia concretamente en él, el Hijo muy amado.

Una de las razones de su condena a muerte es precisamente porque actúa en nombre de Dios-*Abba* y da a entender que es su Hijo. El sumo sacerdote Caifás «lo conjura en nombre de Dios vivo a que diga si es el Hijo de Dios». Jesús solo responde: «Tú lo has dicho».

Caifás «rasgó sus vestiduras diciendo: ¡ha blasfemado!» (Mt 26,63-65). Todos los presentes gritaron: «es reo de muerte» (Mt 26,66). El evangelista Juan es aún más explícito al poner en boca de los que querían apedrearlo: «te apedreamos por la blasfemia, pues siendo hombre *te haces Dios*» (Jn 10,33). Efectivamente, lo condenaron al peor castigo, a la muerte de cruz, fuera de los muros de la ciudad, por causa de esta reivindicación.

Tres pasiones estructuran la experiencia espiritual de Jesús:

La *primera*, tan bien explorada meditativamente por el evangelista Juan, es sentirse efectivamente *Hijo de Dios* y actuar en nombre de Dios-*Abba*. La intimidad es tan profunda que puede decir: «Quien me ve a mí, ve al Padre... Yo estoy en el Padre y el Padre está en mí. Yo y el Padre somos uno» (Jn 14,9; 11; 10,30). Los evangelios señalan que, muchas veces, se retiraba a solas y pasaba la noche en oración (cf. Mt 14,23 par). Podemos imaginar la profunda comunión con su Padre querido y el diálogo paterno y filial que entonces se establecía. De esta intimidad nacía la fuerza para enfrentarse al poder del anti-Reino, las difamaciones, las calumnias, las amenazas de muerte e incluso al tormento de la cruz.

Como Jesús es portador de la misma humanidad que nosotros, su experiencia de Hijo querido abrió una puerta para que todos los seres humanos podamos oír lo mismo que Dios-*Abba* dijo sobre Jesús con ocasión de su bautismo: «Tú eres mi hijo, mi hija muy amada, en ti me regocijo».

Qué distinta sería la historia humana si esta suprema dignidad de ser hijo e hija de Dios entrase en la conciencia colectiva e impregnase las relaciones humanas. Mahatma Gandhi vivió esta experiencia personalísima. Cuando veía a alguien golpeando violentamente a un paria, intervenía diciendo: «No puedes hacer esto a un hijo de Dios». Ser hijo e hija de Dios fundamenta en última instancia la sacralidad de todo ser humano y sus derechos inviolables.

La *segunda pasión*, con una connotación política y holística, es la del *reino de Dios*. Jesús no se anuncia a sí mismo, ni a la Iglesia, ni a las grandes tradiciones del pasado. Anuncia el reino de Dios, reino que ya se ha acercado y que está en medio de nosotros (Mc 1,15; Lc 17,21).

Reino significa el proyecto de Dios-*Abba* que actúa en el universo, en la sociedad, en la comunidad, en la vida personal, sanando lo que está enfermo, liberando lo que está oprimido, poniendo fin al imperio del mal y realizando plenamente todas las virtualidades latentes ya sea en el cosmos o en los seres humanos. El Reino representa una revolución absoluta, la utopía finalmente alcanzada del hombre nuevo y la mujer nueva, del nuevo cielo y la nueva tierra. Esa promesa y esperanza constituyen el contenido de su predicación por todos los rincones de Palestina. Era una buena noticia, por eso suscitó alegría y entusiasmo en las multitudes que lo escuchaban. Los apóstoles, especialmente san Pablo, cuando asistían a la sinagoga, lo primero que hacían era anunciar el reino de Dios y solo después a Jesús resucitado.

Sin embargo, el Reino tenía que enfrentarse al anti-Reino, es decir, a la presencia de la maldad humana, como el odio, el desprecio, la muerte provocada por el genocidio de pueblos enteros, tal como ha ocurrido a lo largo de la historia. Por eso, Jesús, al anunciar la llegada del Reino, pide la conversión, la renuncia al reino del mal. Conversión significa cambiar la mente y el corazón.

En su saga terrestre se tiene la impresión de que el anti-Reino triunfó sobre el reino de Dios, pues Jesús acabó siendo crucificado fuera de la ciudad. Pero he aquí que sobrevino la resurrección, como victoria del Reino contra el anti-Reino, de la vida plenificada sobre la muerte impuesta injustamente. Por esta razón, ya los antiguos padres de la Iglesia interpretaron la resurrección como «la realización del reino de Dios en la persona de Jesús». El resucitado es la *autobasileia tou Christou* (autorrealización del Reino en la persona de Jesús resucitado), en la expresión de uno de los mayores teólogos de la historia cristiana, Orígenes de Alejandría. En ese momento se anticipó el fin bueno de la creación. Triunfó definitivamente el proyecto de Dios sobre su creación: el Reino vino en toda su plenitud.

Más importante que la Iglesia es el reino de Dios que se realiza en todos los tiempos y espacios. La Iglesia es su sacramento, o sea, su señal e instrumento. Nada más que eso. El Reino la desborda porque él está en proceso de realización dentro de la historia, y no paralelo a ella o en una parte de ella, como en las iglesias o solo en aquellos que profesan la fe cristiana.

Donde se vive el amor, se hace la justicia necesaria, se concreta la solidaridad, se alimenta la compasión, y hay preocupación por el cuidado de los demás y de todo lo creado, ahí se hacen presentes los bienes del Reino, ahí se realiza histórica y procesualmente el reino de Dios hasta llegar a su plenitud cuando se realice la completa transfiguración de todas las cosas, ya simbolizadas en el cuerpo resucitado de Jesús. Vivir en el seguimiento de Jesús significa sentirse un operador y una operadora del Reino frente al anti-Reino, hasta su completa instauración.

Esta es la fuente originaria de toda la espiritualidad cristiana, según el estilo de Jesús. Ella toma forma a través de los movimientos de los seguidores de Jesús y de las iglesias cristianas. También en todos los que viven los bienes del Reino como el amor y la ternura, la compasión y la solidaridad. Son canales, pero no son el agua cristalina de la fuente. No se puede identificar el canal con la fuente. Por eso hay que distinguir siempre, sin separar, la religión, las iglesias y los movimientos cristianos y de personas que viven los bienes del Reino, por un lado y, por el otro, la espiritualidad. Esta es más fundamental, anterior a su canalización, porque aparece como fuente alimentadora de las distintas expresiones históricas de la herencia de Jesús. Estas vienen después; antes, en su base, está la espiritualidad.

La *tercera pasión* que caracteriza la espiritualidad de Jesús es su amor incondicional y su ternura hacia los *pobres e invisibles*. Proclama: «felices los pobres, porque vuestro es el reino de Dios» (Lc 6,20; Mt 5,3). Ellos son los primeros, no porque sean buenos y más virtuosos, sino porque, siendo pobres, tienen menos vida. Y el Dios-*Abba* es un Dios vivo que, por su naturaleza, se siente atraído por los oprimidos y condenados a perder la vida antes de tiempo.

Así que todos los evangelios afirman —y esto constituye un núcleo histórico asegurado— la compasión de Jesús por los que sufren, los enfermos, los ciegos, los rechazados por la sociedad como los paganos y los herejes samaritanos. Nunca atacó a las mujeres en el contexto cultural machista de la época, siempre las defendió, aunque fueran una hereje, una adúltera o una pecadora pública como María de Magdala. Por esta predilección suya es insultado y amenazado de muerte hasta el punto de tener que esconderse en una ciudad-refugio como era Efraín, próxima al desierto, en la cual se quedó durante un tiempo con los discípulos (Jn 11,54). Quien se refugiaba en esta ciudad no podía ser detenido o entregado a las autoridades judiciales. Por tanto, Jesús no fue ingenuamente al encuentro de la muerte. Amó su vida y la de los apóstoles y procuró protegerla.

El Reino empieza por los últimos como aparece claramente al anunciar su proyecto liberador en la sinagoga de Nazaret: «fui consagrado para dar buenas nuevas a los pobres, para anunciar la liberación a los cautivos, a los ciegos la recuperación de la vista y para liberar a los oprimidos» (Lc 4,18-19).

La amorosidad de Jesús se extiende incondicionalmente a todos, pero adquiere una densidad especial en los que son puestos al margen y hechos invisibles. Amar al prójimo como a sí mismo, para Jesús no significa «amar a quienes nos aman» (Lc 6,32), sino amar a aquellos a los que nadie ama ni ve, hasta a «los ingratos y malos» (Lc 6,35).

Esta espiritualidad, llena de ternura y pasión es la base espiritual de la tradición de Jesús, de los fundamentos de las iglesias que transmiten su memoria y promueven su seguimiento, tan bien reflejada en todos los escritos que componen el Nuevo Testamento, especialmente en las cartas de Pablo.

CÓMO REVELA JESÚS EL AMOR Y LA TERNURA DE DIOS-*ABBA* CON GENTE DE MALA FAMA

Sus privilegiados son los pobres, siempre despreciados: come con los pecadores; se acerca a los cobradores de impuestos, odiados por el pueblo, pues son aliados de las fuerzas de ocupación romana (Mc 2,16). Le llaman hasta comilón y bebedor (Mt 11,19) porque acepta la invitación a comer en casa de pecadores (Lc 15,2; Mt 9,10-11). Rompe los tabúes religiosos de la época al conversar con una mujer samaritana, considerada hereje (Jn 4,7s.), al defender a otra mujer sorprendida en adulterio, al dejar que sus pies sean ungidos con un raro perfume y besados por María Magdalena, que seca con sus cabellos las copiosas lágrimas. Fue un escándalo, pues era considerada de mala fama (Lc 7,37). Para Jesús no cuenta nada de eso. Ella era digna de experimentar la amorosidad de Dios-*Abba*.

¿Por qué Jesús asume tales actitudes consideradas escandalosas? Porque quiere llevar a todos, especialmente a estas personas descalificadas socialmente, a los leprosos, a los paralíticos, a los ciegos, pero también a los pecadores públicos, a los escribas, a los fervorosos fariseos, a las mujeres y hasta a los colaboradores de los romanos, los cobradores de impuestos, a los desesperados que gritan pidiendo curación, a los herejes (samaritanos) y a los extranjeros (la mujer sirofenicia, un oficial romano), la novedad de que Dios se aproxima a todos ellos con amor incondicional.

Jesús, lleno totalmente de este amor y ternura de Dios-*Abba*, va a sus hermanos y hermanas y les muestra con sus actitudes esa novedad de la cercanía amorosa e incondicional de Dios. Él se hace también para todos «padre amoroso». Lo decisivo no es la Ley ni las tradiciones cuidadosamente observadas, sino aceptar aquello que Dios-*Abba* dijo a Jesús y que este ahora se lo repite a ellos, sin que importe mucho lo que hacen en la vida. Solo les dice: «vosotros sois mis hijas e hijos bienamados, en vosotros encuentro mi regocijo». Esto al principio suena increíble, después produce una inaudita alegría y un sentimiento de liberación.

Lo primero que dice Jesús es: «El tiempo de la espera ha terminado. El nuevo orden querido por Dios [el Reino] está cerca. Cambiad de vida y creed en esta buena noticia» (cf. Mc 1,15). La multitud se extasía y muchos siguen a Jesús.

Pero esta es una parte de la realidad. Ella implica también la otra parte: esta sorprendente propuesta requería y requiere una respuesta. Exige cambiar la mente y el corazón. Eso es lo que significa *metanoia*. ¿Y pasó así? Es la cuestión decisiva. Una *pro-puesta* exige una *res-puesta* con *res-ponsa-bilidad*. Y lamentablemente no ocurrió.

El Reino, contrariamente a la expectativa de los judíos, no era el restablecimiento del antiguo orden, la liberación política de la dominación romana que tanto los avergonzaba. Reino de Dios, para Jesús, es otra cosa: consiste en una nueva relación de aprecio, respeto y acogida entre las personas, hombres y mujeres, incluidas las de mala fama, los extranjeros y los herejes; incluye a todos, hasta a los ingratos y malos (Lc 6,35).

Lo que prevalece ahora es esa ternura que se hace cercanía amorosa a los prójimos, hecha de acogida y de misericordia ilimitada.

NO HAY CONDENACIÓN ETERNA, SOLO TEMPORAL

Si el amor que nos tiene Dios es tan radical no puede haber exclusión de nadie ni condenación para siempre. La condenación es una creación de la sociedad. Esta decide quién está dentro y quién está fuera del estatuto legal que definió comunitariamente. Para Dios-*Abba* no existe un fuera. Todos están incluidos, pues todos son hijas e hijos suyos, sin ningún límite, antes de cualquier otra determinación posterior.

Muy en el espíritu del Jesús histórico, el evangelista Juan hace decir a Jesús: «si alguien viene a mí, yo no le diré que se vaya» (Jn 6,37). Dios no conoce una condenación eterna, pues su misericordia es sin límites. Si hubiese alguna condenación eterna, Dios habría fracasado. Él nunca puede perder «aquello que creó con amor, pues no odia a ningún ser que puso en la existencia; si no, no lo habría creado, porque es el *apasionado amante de la vida*» (cf. Sab 11,24-26). Deja a las noventa y nueve ovejas a salvo en el redil y va en busca de la oveja perdida hasta encontrarla.

Bien dijo el papa Francisco, dirigiéndose a los nuevos cardenales africanos: «No hagan, como se ha hecho históricamente, una evangelización del miedo y del temor al infierno. Jesús, verdadero Dios y verdadero hombre, venció a la muerte, resucitó y quiere renacer en el corazón de todos. Nadie, por más herido que esté por el mal, está condenado sobre esta Tierra a *quedar para siempre separado de Dios».*

Lo confirma el salmo 103, uno de los textos bíblicos más llenos de esperanza: «Dios no está siempre acusando. Como un padre siente compasión por sus hijos e hijas, así él se compadece de nosotros [...] porque conoce nuestra naturaleza y sabe bien que solo somos polvo; su misericordia es de siempre y para siempre» (Sal 103,6-17).

Este mensaje innovador de Jesús —la amorosidad incondicional y la misericordia ilimitada de Dios-*Abba*— ha sido y es tan revolucionario que no ha llegado a echar raíces hasta el punto de ser vivido por todos. Continúa sin ser acogido por buena parte de los seres humanos, incluso de los bautizados. Así ocurrió en el tiempo de Jesús cuando deambulaba por los pedregosos caminos de Palestina. No hay que olvidar que fueron principalmente los religiosos, aliados con los políticos, quienes lo condenaron y lo llevaron a la cruz. El mensaje del Jesús histórico sigue siendo un llamamiento dirigido a todos hasta el día hoy.

La gran tragedia vivida por Jesús fue que ese amor incondicional de Dios-*Abba* misericordioso no fue abrazado: «vino a lo que era suyo, y los suyos no lo recibieron» (Jn 1,11). Por eso lo crucificaron, porque no hubo correspondencia. Ese rechazo se prolonga por los siglos hasta el día de hoy, tal vez con más ferocidad todavía, pues el odio y la discriminación campean por el vasto mundo ahora unificado. Y es probable que sea así, lamentablemente, hasta el fin de los tiempos.

A pesar de esto, si bien Jesús se sintiese el Hijo de Dios-*Abba,* «no hizo caso de esta su situación divina; por solidaridad se presentó como *simple hombre,* en la condición de siervo, aceptando el más vergonzoso castigo, morir en la cruz» (cf. Flp 2,6-8), que significaba morir en la maldición divina.

EL RECHAZO DEL AMOR INCONDICIONAL
DE DIOS-*ABBA*

A causa de este amor profundo que ardía en su interior, Jesús asumió sobre sí, solidario, este tipo de muerte maldita, la cruz y todos los dolores del mundo. Todo tipo de calumnias contra él, la traición de dos de sus apóstoles, Judas y Pedro, el destino de aquellos que a lo largo de los siglos ya no creen o se sienten abandonados por Dios. Asume sobre sí las dudas y las tribulaciones de todos ellos. Recibió incluso una seria amenaza de muerte que después se cumplió.

Como tantos en el mundo, él también «pasó por las mismas pruebas que nosotros pasamos [...]; entre clamores y lágrimas dirigió oraciones y súplicas a quien lo podía salvar de la muerte y *no* fue atendido (en una versión más original y antigua, distinta de la actual, del *código D*) aunque fuese su Hijo»; incluso «siendo Hijo de Dios, aprendió a obedecer por medio del sufrimiento», dirá un discípulo anónimo de san Pablo, autor de la carta a los Hebreos, hacia los años noventa d. C. (Heb 4,15; 5,7-8). Más aún, en Getsemaní, en el monte de los Olivos se sintió invadido de angustia y de pavor, y «su sudor se volvió gruesas gotas de sangre que caían sobre la tierra» (Lc 22,41), ante la inminencia de ser preso, torturado y condenado.

En la cruz, casi al límite de la desesperación, la cual también se apodera de muchos, en comunión con todos estos él quiso sentir también la total ausencia de Dios y gritó: «Dios mío, Dios mío, ¿por qué me has abandonado?» (Mc 15,34). El amor de Dios estaba en Jesús pero recogido, para que él pudiese participar del infierno humano de la «muerte de Dios», sufrida por no pocas personas. Todas estas personas no estarán solas nunca más.

El credo cristiano reza que «él descendió a los infiernos», que significa: se sintió absolutamente solo, sin que nadie lo pudiese acompañar. Pero Dios-*Abba* estaba también allí porque la ausencia es también una forma de presencia. Desde ese momento, nadie más estará solo en el infierno de la extrema soledad humana. Jesús, con su amorosidad y solidaridad, estuvo y estará con todos ellos para siempre.

La resurrección de Jesús representa una verdadera *insurrección* contra la religión de la Ley y la justicia del tiempo. Es como un destello de luz que va a mostrar, en total plenitud, la amorosidad de Dios que nunca falló. Ella estaba totalmente allí, en Jesús, sufriendo con los que sufren y ahora resucitando con todos los que van a resucitar, participando de su resurrección (cf. Rom 8,29). En la comprensión bíblica, la resurrección del Mesías nunca es solo personal. Incluye a toda su comunidad humana y cósmica.

Si es así, significa que la resurrección está en proceso todavía. Jesús no ha acabado de resucitar. Él está camino de Galilea, como dice el evangelista Marcos, para mostrarse allí (16,7). Él encontrará la plenitud de su resurrección cuando toda la humanidad y el cosmos lleguen también a su plenitud, es decir, cuando sean transfigurados y resucitados, o sea, cuando realicen plenamente todas las potencialidades escondidas en ellos.

Los negacionistas y los ateos tienen la libertad de ser lo que son, de no acoger o ni siquiera saber de este amor incondicional de Dios. Pero esto no cambia nada para Dios-*Abba,* que nunca los abandona porque nunca dejan de ser también sus hijos e hijas, sobre los cuales repite: «Vosotros sois mis hijos e hijas muy amados, en vosotros tengo mi alegría».

Pero conviene reflexionar: si no pueden ver una estrella en el cielo, no es culpa de la estrella, sino de sus ojos. El amor ilimitado y la misericordia sin fronteras también los alcanzan. Ellos son abrazados por Dios-*Abba*, aunque se nieguen a abrazarlo. La estrella, aunque no la vean, seguirá brillando. Pueden incluso decir como Jean-Paul Sartre: «sigo siendo ateo, pero tengo sin embargo una esperanza *esperante* de que Dios exista, si no la vida no tendría ningún sentido».

El verdadero y real cristianismo es vivir esta experiencia, abierta por Jesús. Ella funda la tradición de Jesús o el camino de Jesús. La mayoría de las iglesias cristianas, también la católica romana, se organizan en torno al *poder sagrado*, que crea desigualdades, jerarquías y divisiones, como entre clérigos y laicos, que se expresa claramente en un grueso libro doctrinario llamado *Catecismo de la Iglesia católica.* Eso hace del fiel una especie de rehén que se siente atado a cierto orden dogmático y moral, a una vida piadosa, a recibir los sacramentos, a participar en las fiestas litúrgicas. Todo esto no carece de importancia, pero no es todavía el seguimiento de Jesús ni la experiencia/vivencia de la novedad que él trajo a la humanidad. Alguien puede ser un católico piadoso, pero eso no quiere decir que sea un verdadero cristiano que se siente penetrado por la amorosidad y la misericordia de Dios en el seguimiento de Jesús.

Para las otras iglesias cristianas y también para las religiones sigue en pie el reto lanzado por Jesús de

Nazaret, transformado ahora en patrimonio religioso y ético de la humanidad: vivir el amor incondicional y ensayar «amar al modo de Dios y a la moda de Jesús», privilegiando a aquellos que él privilegió, los últimos, los que no son ni cuentan.

Donde impera el poder, poco importa si es secular o religioso, no brota el amor, ni florece la ternura, y se ensombrece la amorosidad de Dios-*Abba* y su misericordia ilimitada.

No se puede negar que, históricamente, una parte de la Iglesia católica romana estaba y sigue estando más cerca de los palacios que de la gruta de Belén, proclama a Cristo rey del universo y se olvida de que es un rey con corona de espinas y un manto de escarnio.

INVERSIÓN: LA CONVERSIÓN DEL PADRE
DEL HIJO PRÓDIGO

Qué diferente sería todo en este mundo si la revolución inaudita de Jesús hubiese prosperado en él. No existiría lo que estamos presenciando en esta nueva fase de la humanidad, que vive en la misma Casa Común: la prevalencia del odio, de la discriminación, de la violencia contra los que no pueden defenderse, contra las mujeres, los homoafectivos o de otra condición sexual y, especialmente hoy, contra la naturaleza, que nos garantiza las bases que sostienen la vida.

Por esta razón, Jesús, aunque resucitado, continúa dejándose crucificar con todos los crucificados de la historia bajo las más distintas modalidades. Su resurrección todavía no se ha completado, pues sus hermanos y hermanas y todo el universo del cual son parte no han alcanzado aún el punto de la resurrección plenamente realizada.

La parábola del hijo pródigo revela cómo es la tradición de Jesús. El hecho nuevo y sorprendente no es la *conversión del hijo* que vuelve arrepentido a casa de su padre, sino la *conversión del padre* que, lleno de cariño y misericordia abraza, besa y organiza una fiesta para el hijo que ha derrochado la herencia. El único criticado es el hijo bueno, seguidor de la Ley. Todo en él era perfecto, pero para Jesús no bastaba ser bueno. Le faltaba lo principal: el sentimiento de misericordia y de cariño de Dios-*Abba* hacia su hermano perdido por el mundo.

EL FUTURO DEL AMOR RADICAL
DE DIOS-*ABBA* Y DE JESÚS

En la ya larga historia humana hemos experimentado casi de todo, pero aún no hemos experimentado
colectivamente amar a la manera de Jesús y de Dios-
Abba, en forma de cercanía amorosa. Siempre ha habido amor entre dos o más personas. Pero nunca hemos
intentado construir una sociedad cuya centralidad fuera el amor incondicional que incluye a todos, hasta a
los más desconocidos y hechos invisibles. Lo que prevalece, en términos generales, es una sociedad insen-
sible y, a veces, cruel y sin piedad, que hace difícil la
amorosidad y el cuidado de los unos a los otros, incluida la naturaleza.

Sin embargo, muchos hombres y mujeres han en-
tendido y vivido la amorosidad de Dios-*Abba* al estilo de Jesús. Ellos son los verdaderos portadores del
legado de Jesús, testigos de la cercanía amorosa de
Dios, especialmente aquellos a los que refiere el evangelio de san Mateo: «yo era forastero y me hospedas-
te, estaba desnudo y me vestiste, tenía hambre y me
diste de comer, estaba en la cárcel y me fuiste a ver»
(Mt 25,34-36). Jesús dice a todos ellos: «Lo que hicisteis a uno de estos hermanos y hermanas mías más pequeños, a mí me lo hicisteis» (Mt 25,40). En esto se re-

vela la experiencia originaria de Jesús: hasta tal punto estaba unido a Dios-*Abba* que se sentía una sola cosa con su Padre querido (Jn 10,30; 14,9).

¿Llegaremos a ver acogida un día la proximidad amorosa de Dios, independientemente de la situación moral, política e ideológica de las personas? ¿Tendrá centralidad esta verdadera revolución transformadora del mundo? Este es el gran desafío de toda evangelización: llevar a todo el mundo y a todas las personas la conciencia de que son amadas por Dios-*Abba*, y que esta amorosidad deben vivirla con todos y todas, o sea, llevarles esta buena noticia.

No se llega al reino de Dios-*Abba* de cualquier manera. Seguramente los que han sido criminales, violadores de la sacralidad humana, los considerados «pecadores» tendrán que pasar por la clínica de Dios para curarse de los odios y aprender a amar y a adorar a Dios-*Abba* que los quiere junto a sí. Pasarán antes por un proceso de purificación, aprendiendo a amar para poder convivir en el cielo con aquellos a los cuales hicieron mal, torturaron y asesinaron. Ellos no están fuera del arcoíris de la amorosidad, de la misericordia y de la gracia bienaventurada de Dios-*Abba* y de su Hijo muy amado Jesús.

UNA CRISTOLOGÍA ABIERTA AL FUTURO

La amorosidad divina, testimoniada por Jesús y ratificada por el acontecimiento de su resurrección, produjo un tremendo choque espiritual en los apóstoles y en sus seguidores hasta el día de hoy. Comenzaron a razonar y a tratar a la luz de las Escrituras del Antiguo Testamento la saga de Jesús, el porqué de su muerte y principalmente el sorprendente evento de la resurrección. Iniciaron este trabajo celebrando la presencia del resucitado con pequeños himnos, liturgias y ritos, y recordando su vida, su gesta liberadora, su mensaje central resumido en la oración del padrenuestro. Después, empezaron a elaborar los núcleos doctrinarios y centrales de su mensaje y así surgieron los escritos de los cuatro evangelios. Detrás de ellos había comunidades que no solo rezaban, sino que también reflexionaban sobre la historia y el destino de Jesús. Proyectaron «el camino de Jesús» (Hch 19,9; 23; 24,14). Se propusieron seguir a Jesús y conservar como herencia sagrada su amor salvador incondicional y universal. Quedaron tocados para siempre por su profunda humanidad.

La *comunidad primitiva* en el esfuerzo de comprender lo que ocurrió con Jesús, empezó a darle títulos de honor y de excelencia, como maestro, profeta, el justo,

103

el bueno, el santo hasta los más sublimes como Hijo del Hombre, Hijo de Dios, y, finalmente, Dios mismo. El título de Cristo es empleado quinientas veces; Señor, trescientas cincuenta veces; Hijo del Hombre, ochenta veces; Hijo de Dios, setenta y cinco veces; Hijo de David, veinte veces; Dios, tres veces.

En un lapso de tiempo de treinta o cuarenta años después de su crucifixión y resurrección, Jesús atrajo a sí los títulos más nobles, humanos y divinos que existían en el Imperio romano. Cada grupo cultural, palestino, judeocristiano de la diáspora, cristianos helenistas, contribuyó al proceso de descifrar quién era, finalmente, Jesús.

Así, para la *comunidad palestina,* él es el Mesías-Cristo, el Hijo del Hombre y el Hijo de Dios. Para los *judeocristianos de la diáspora,* Jesús es el nuevo Adán, el Señor y el Sumo Sacerdote. La *comunidad cristiana helenista* lo profesa como el Salvador, Cabeza del cosmos, Hijo unigénito del Padre y Dios mismo.

Al final de todo, como se puede ver, no sabiendo ya cómo definir la amorosidad de Jesús debida a su relación íntima con Dios-*Abba,* lo acabaron llamando con el nombre supremo del lenguaje humano más allá del cual no se puede ir. Lo llamaron Dios: un Dios encarnado en nuestra miseria y grandeza. Pensaron: *humano así como Jesús solo podría ser Dios mismo.*

Este proceso de desciframiento no terminó con el hecho de llamar a Jesús, Dios. *Dios es un misterio que evoca otros misterios*: primero el misterio del propio ser humano finito capaz de acoger en sí al Infinito; luego, el misterio del mundo y del cosmos como sustrato, sin el cual no hay ser humano ni Jesús, hecho Cristo.

El propio misterio de la creación está envuelto en el misterio de Jesucristo (cf. Jn 1,3; Ef 1,10; Col 1,15-18). El hecho de estar delante de un misterio sacramental, es decir, visible y comprensible pero siempre misterio en cada comprensión, hace que cada generación de seguidores de Jesús retome la pregunta que Jesús mismo hizo a sus apóstoles: «¿Quién dice la gente que soy yo?» (Lc 9,18 par). Como respuesta a esta pregunta surge la cristología, como un esfuerzo de la inteligencia reverente y devota para hacer avanzar la comprensión heredada del pasado con nuevas aportaciones, nuevos títulos, sacados de lo mejor que cada cultura puede ofrecer.

Que quede claro que no son los títulos de excelencia los que constituyen la grandeza de Jesús. Es su amor y su ternura, su amorosidad, la soberanía que mostró al actuar en nombre de Dios-*Abba*, lo que hizo surgir todos los títulos hasta el más atrevido y último, el de Dios. Al añadir Cristo (el Ungido, el Mesías) al nombre de Jesús de Nazaret y decir *Jesucristo*, queremos expresar la real humanidad de Jesús (jesuología) y simultáneamente la real divinidad (cristología).

El concilio de Calcedonia (451) resumió bien la fe común, criterio definidor hasta hoy de cualquier comunidad que toma como referencia a Jesucristo para que sea considerada Iglesia: «Jesucristo es perfecto en su divinidad y perfecto en su humanidad, verdaderamente Dios y verdaderamente hombre con alma racional y cuerpo, consustancial con el Padre según su divinidad y consustancial con nosotros según su humanidad».

La fascinación suscitada por Jesús de Nazaret, por su estilo valiente y tierno a la vez, por su libertad frente a las tradiciones y por haber dado centralidad al amor incondicional, por su pasión y muerte en la cruz, pero especialmente por su resurrección, fue lo que impulsó el torrente de reflexiones siempre inacabadas e insuficientes para decir quién fue y quién es Jesús. En una palabra, él es la expresión suprema de la amorosidad y la proximidad de Dios-*Abba*, concretada en él como su

Hijo bien-amado. Como dirá san Pablo en la carta a los Colosenses, hacia los años 58-60: «Él es la imagen de Dios invisible, el primogénito de toda criatura, porque en él fueron creadas todas las cosas, en los cielos, en la tierra, las visibles e invisibles, todo fue creado por él y para él [...] Cristo será todo en todos (*pánta kai en pásin Christós*» (Col 1,15-16; 3,11).

El testimonio de Dostoievski sobre Jesús, al salir de la Casa de los Muertos, su dura prisión con trabajos forzados, es muy conmovedor:

A veces Dios me envía instantes de paz; en esos instantes, amo y siento que soy amado. En uno de esos momentos compuse para mí mismo un credo, donde todo es claro y sagrado. Este credo es muy sencillo: creo que no existe nada más hermoso, más profundo, más amable, más humano y más perfecto que Cristo. Me lo digo a mí mismo, con un amor celoso, que no existe ni puede existir. Más aún: si alguien me probara que Cristo está fuera de la verdad y que esta no se halla en él, prefiero quedarme con Cristo a quedarme con la verdad[1].

---

1. Carta a Natalia Dmitrievna Fonvízina, 20 de febrero de 1854.

106

Conclusión

LA AMOROSIDAD DE JESÚS
Y EL DESTINO DE LA VIDA EN LA TIERRA

Francisco de Asís y Francisco de Roma, junto con un ejército de personas, muchas de ellas anónimas, creyeron y creen que por la ternura y la cercanía amorosa de Dios-*Abba* y de Jesús pasa la liberación de los seres humanos y la protección de la vida y de la Madre Tierra amenazada.

La gravedad de la situación actual nos plantea esta disyuntiva: «o nos salvamos todos o no se salva nadie», como dijo enfáticamente el papa Francisco en la encíclica *Fratelli tutti* (n. 137). La Madre Tierra se encuentra en permanentes dolores de parto hasta que nazca, aquel día que solo Dios conoce, el ser nuevo, el hombre y la mujer nuevos. Juntos, con la naturaleza incluida, habitarán la única Casa Común, la Gran Madre, la Pachamama, la generosa Madre Tierra. Entonces, como profetizó el filósofo alemán Ernst Bloch, autor de *El principio esperanza*, «el verdadero Génesis no se encuentra en el principio, sino al final». Solo entonces «Dios vio todo cuanto había hecho y le pareció que era muy bueno» (Gn 1,31).

O hacemos nuestro este sueño del Nazareno que nos trajo la novedad de la amorosidad de Dios-*Abba* que siempre nos está buscando, incluso en las sombras del valle de la muerte, o debemos temer por nuestro destino.

En vez de ser los cuidadores del ser, nos hemos convertido en el Satán de la Tierra, los que amenazan de muerte todas las formas de vida y principalmente la vida humana. Heredamos un paraíso y estamos entregando a las generaciones futuras una sabana y un desierto. Pero aquel que está en medio de nosotros como resucitado, el Cristo cósmico, jamás nos abandonará ni nos negará su amorosidad y cercanía. El Dios-*Abba* de su Hijo bienamado tiene el poder de forjar de las ruinas un nuevo cielo y una nueva Tierra. Entonces todo esto habrá pasado. Las lágrimas serán enjugadas, los tristes serán consolados porque formarán parte de la familia divina del Padre, del Hijo y del Espíritu Santo. Comenzará la verdadera historia de Dios-*Abba* con sus hijos e hijas muy amados en su Hijo unigénito bienamado, y con todo el universo transfigurado, por toda la eternidad.

BIBLIOGRAFÍA ESENCIAL

Barbaglio, G. (2011), *Jesus hebreu na Galileia*, Paulus, São Paulo.

Boff, C. (2009), *O cotidiano de Maria de Nazaré*, Editora Salesiana, São Paulo.

Boff, L. (1972/2002), *Jesucristo el Liberador*, Sal Terrae, Santander.

— (1997), *Pasión de Cristo-pasión del mundo*, Sal Terrae, Santander.

— (⁵2005), *La resurrección de Cristo y nuestra resurrección en la muerte*, Sal Terrae, Santander.

— (2007), *O Ovo da Esperanca: o sentido da festa da Páscoa*, Mar de Ideias, Río de Janeiro.

— (2007), *O Sol da esperança: Natal: histórias, poesias e símbolos*, Mar de Ideias, Río de Janeiro.

— (2009), *El Evangelio del Cristo cósmico*, Trotta, Madrid.

— (2013), *Cristianismo: lo mínimo de lo mínimo*, Trotta, Madrid.

— (2014), *El Tao de la liberación: explorando la ecología de la transformación* (con Mark Hathaway), Trotta, Madrid.

— (²2020), *La Santísima Trinidad es la mejor comunidad*, Paulinas, Bogotá.

— (2020), *Reflexiones de un viejo teólogo y pensador*, Trotta, Madrid.

Castillo, J. M. (²2010), *Jesús: la humanización de Dios*, Trotta, Madrid.

Comblin, J. (1997), *Jesús de Nazaret*, Sal Terrae, Santander.

Crossan, J. D. (2004), *Jesús: una biografía revolucionaria*, Grijalbo, Barcelona.

— (2007), *Jesus: debaixo de pedras-atrás dos textos*, Paulinas, São Paulo.

Ferraro, B. (2021), *Cristologia*, Vozes, Petrópolis.

Hoornaert, E. (2016), *Em busca de Jesus de Nazaré*, Paulus, São Paulo.

Leclerc, E. (1999), *El reino escondido*, Sal Terrae, Santander.

Lohfink, G. (2013), *Jesús de Nazaret: Qué quiso, quién fue*, Herder, Barcelona.

Mesters, C. (2018), *Con Jesús a contramano*, Verbo Divino, Quito.

Moura Nunes, J. A. (2019), *Jesus de Nazaré: o melhor de nós*, Ramalhete, Belo Horizonte.

Onimus, J. (1999), *Jésus en direct*, Desclée de Brouwer, París.

Pagola, J. A. (2007), *Jesús: aproximación histórica*, PPC, Madrid.

— (2014), *Volver a Jesús*, PPC, Madrid.

Schillebeeckx, E. (^{2}2010), *Jesús. Historia de un viviente*, Trotta, Madrid.

Sesboué, B. (1997), *Pedagogía de Cristo: elementos de cristología fundamental*, Paulinas, São Paulo.

Theissen, G. (2005), *El movimiento de Jesús: historia social de una revolución de los valores*, Sígueme, Salamanca.